Mon premier Larousse des SCIENCES

DE LA **VIE** ET DE LA **TERRE**

ILLUSTRATIONS

Ronan **Badel**
Robert **Barborini**
Magali **Bardos**
Nathalie **Choux**
Nathalie **Dieterlé**
Clément **Devaux**
Jean-Yves **Duhoo**
Charles **Dutertre**
Virginie **Guérin**
Aurélie **Guillerey**
Nicolas **Hubesh**
François **Lachèze**
Stéphan **Laplanche**
Éric **Meurice**
Muzo
Clément **Oubrerie**
Pronto
Julien **Rosa**
Fabrice **Turrier**

Illustration de couverture : Émile **Bravo**

Rédaction : Pascal **Chauvel**
Conseil scientifique : Éric **Mathivet**
Conseil pédagogique : Valérie **Faggiolo**
Direction artistique : Frédéric **Houssin** & Cédric **Ramadier**
Conception graphique & réalisation : **DOUBLE**

Édition : Marie-Claude **Avignon**
Direction éditoriale : Françoise **Vibert-Guigue**
Direction de la publication : Marie-Pierre **Levallois**
Lecture-correction : Marie-Claude **Salom-Ouazzani**
Fabrication : Patricia **Poinsard**

ISBN 978-2-03-591383-8 • Imprimeur : Graficas Estella (Espagne) • Photogravure : Irilys
Dépôt légal : juillet 2005 • 316067-01/11030043 – février 2015
Conforme à la loi n° 49956 du 16 juillet 1949 sur les publications destinées à la jeunesse.

Mon premier Larousse des SCIENCES
DE LA **VIE** ET DE LA **TERRE**

LAROUSSE
JEUNESSE

SOMMAIRE

72-113 LA VIE DU CORPS

114-123 L'ÉCOLOGIE

124-145 LA GÉOLOGIE

146-155 L'EAU

La science de la vie

La science de la vie c'est la biologie.

Elle étudie les êtres vivants : les animaux, les plantes, le corps humain.

Ce qui bouge n'est pas forcément vivant : un robot, un mobile, une voiture bougent mais ne sont pas vivants alors qu'un arbre ne bouge pas, c'est pourtant un être vivant.

Un **robot**, un **mobile**, une **voiture bougent**, mais ne sont pas vivants.

Comme un petit **garçon,** une **pomme de terre** et une **plante verte** sont des êtres vivants même si elles **ne bougent pas.**

Le **lapin**, le **poisson rouge** sont des **êtres vivants**… mais **pas** la **montagne**.

Comme les **hommes**, les **animaux** et les **plantes** sont des **êtres vivants**.
Ils se nourrissent, grandissent et se reproduisent.

Les êtres vivants respirent
Pour vivre, les plantes, les animaux et les hommes doivent respirer ;

se nourrissent
Les plantes, les animaux et les hommes ont besoin d'énergie pour vivre. C'est leur nourriture qui leur apporte l'énergie ;

se reproduisent
Les animaux font des petits. Les plantes donnent naissance à d'autres plantes ;

grandissent
Au cours de leur vie, les êtres vivants grandissent et se transforment ;

et meurent
Les êtres vivants vivent plus ou moins longtemps. Ils sont remplacés par d'autres.

LA VIE DES ANIMAUX

Les animaux sont très variés

Ils sont différents par leur allure.

Il y a des animaux de toutes les **tailles**. Certains sont énormes, d'autres, minuscules.

Il y a des animaux de toutes les **formes**, des tout ronds, des très longs…

Et il y a des animaux de toutes les **couleurs**.

Ils sont différents par leur façon de vivre.

Certains animaux vivent en **troupeaux**…

… ou en **bancs**.

Certains vivent en **famille**…

… d'autres tout **seul**.

Les animaux qui vivent dans le corps d'autres animaux et s'y nourrissent, comme le **pou** dans les cheveux, sont des **parasites**.

Certains animaux vivent toujours **ensemble**. Le **pique-bœuf** reste près du **rhinocéros** ; il le débarrasse de ses parasites.

Avec ou sans colonne vertébrale

LES VERTÉBRÉS

Les animaux qui ont une **colonne vertébrale** sont les vertébrés.
On les range en **5 grands groupes**.

Les poissons

Leur peau est couverte d'écailles.
Ils respirent dans l'eau.

Les amphibiens

Ils ont une peau lisse et humide, sans poils, ni plumes, ni écailles.

Les reptiles

Leur peau est couverte d'écailles.

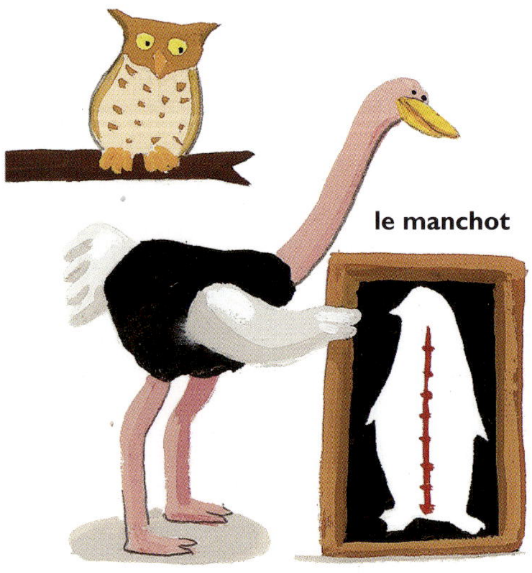

Les oiseaux

Ils sont couverts de plumes.
Ils ont des pattes et des ailes.

Les mammifères

Leur peau est généralement couverte de poils. La femelle nourrit ses petits avec le lait de ses mamelles.

LES INVERTÉBRÉS

Les animaux qui n'ont **pas de colonne vertébrale** sont les invertébrés.

Les insectes
Ils ont 6 pattes.

Les arachnides
Ils ont 8 pattes.

Les crustacés
Ils ont de 8 à 14 pattes et souvent des pinces.

Les mille-pattes ont beaucoup de pattes, mais quand même pas 1000 !

Les mollusques
Ils ont un corps mou, avec ou sans coquille.

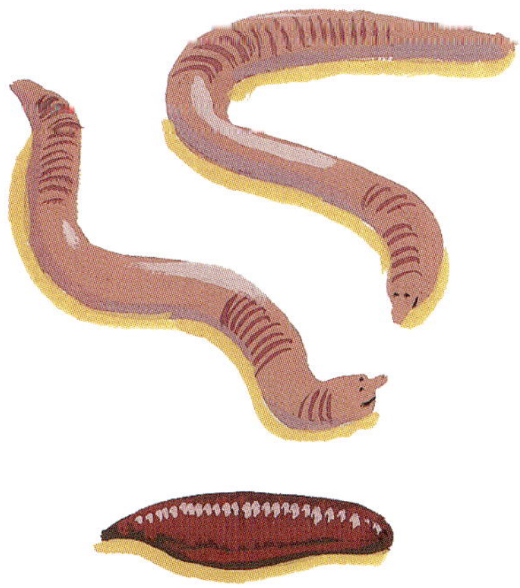

Les vers
Ils ont un corps mou cylindrique ou plat.

Les insectes

Les animaux les plus nombreux sont les insectes.
Il existe plus d'un million d'espèces d'insectes.
Tous les insectes ont un corps en **3 parties** : la tête, le thorax, l'abdomen.

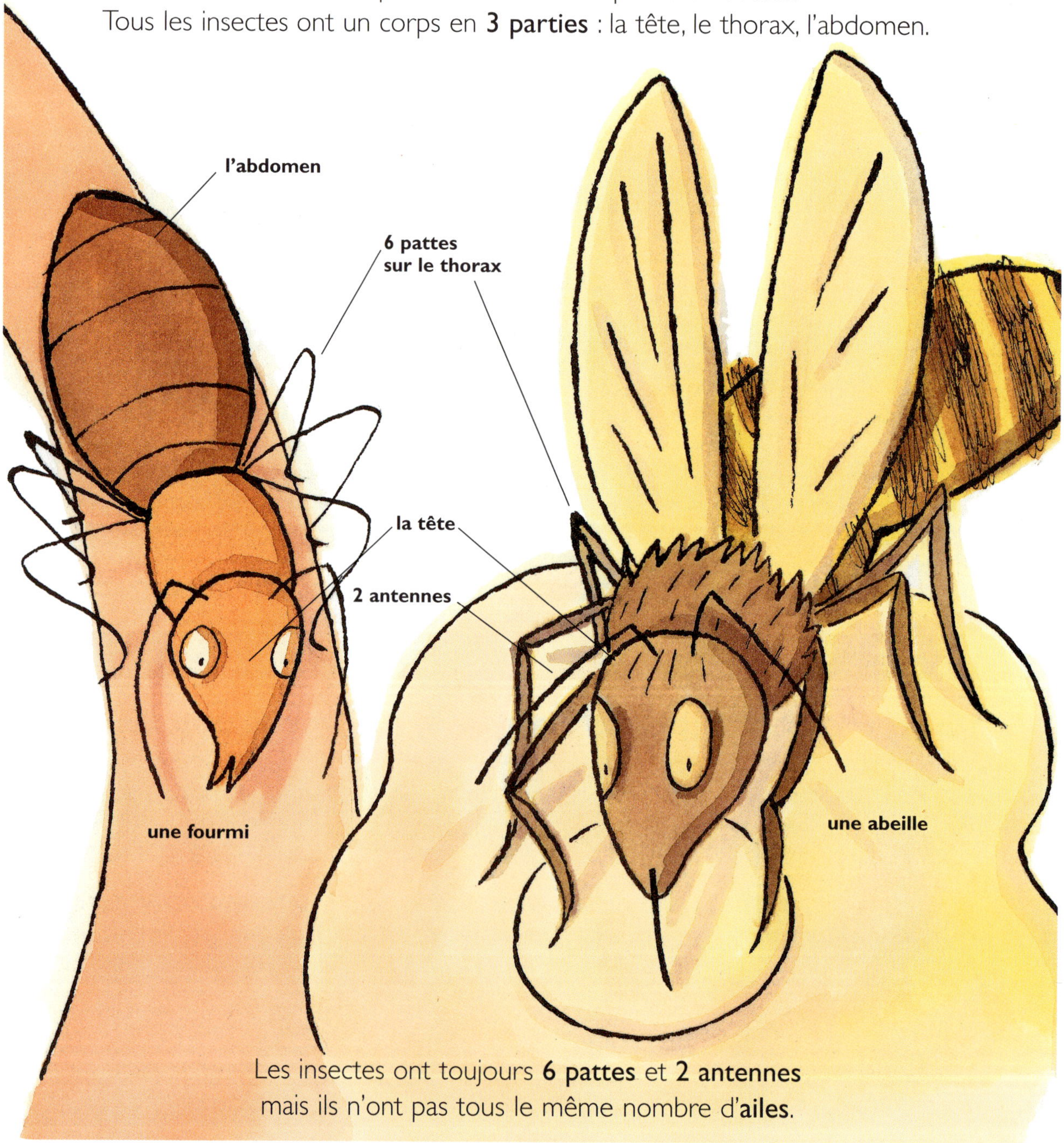

Les insectes ont toujours **6 pattes** et **2 antennes** mais ils n'ont pas tous le même nombre d'**ailes**.

À tOi dE joUeR

Parmi ces petites bêtes, **deux ne sont pas des insectes**. Observe bien les pattes !

un **scarabée**

une **fourmi**

une **abeille**

une **libellule**

deux **coccinelles**

une **mouche**

une **araignée**

un **papillon**

un **mille-pattes**

Solution : le mille-pattes et l'araignée ont plus de 6 pattes : ce ne sont pas des insectes.

Les animaux se déplacent

Les animaux se déplacent de toutes sortes de façons.

Ils **nagent**.

Ils **volent**.

Ils **courent**.

Ils **sautent**.

Ils **marchent**.

Ils **rampent**.

Certains animaux sont curieux.

L'**exocet** est un poisson et pourtant il peut voler quand il doit fuir un prédateur.

L'**autruche** est un oiseau … qui ne vole pas. Mais elle court très vite.

Le **manchot** est un oiseau. Il ne vole pas dans l'air mais sous l'eau !

DU PLUS RAPIDE AU PLUS LENT

Le **faucon** est le plus rapide dans le ciel. 250 km/h

Le **guépard** est le plus rapide sur la terre. Il court très vite mais pas longtemps. 110 km/h

Le **cheval** peut courir vite et longtemps. 70 km/h

Un **champion** de course peut courir à la vitesse de 36 km/h

La **tortue** avance sur ses grosses pattes à 2,8 km/h

L'**escargot** se déplace en ondulant sur son pied à 5 m à l'heure

Les animaux chassent

Les animaux prédateurs, ceux qui se nourrissent d'autres animaux, chassent ou piègent leurs proies.

Les **lionnes chassent en groupe**.
3 ou 4 lionnes se cachent, une autre contourne le troupeau et se fait voir.

Les **gazelles**, apeurées, s'enfuient…

… et se retrouvent **face aux lionnes** qui les attendent.

Pour chasser les fourmis, la larve du **fourmilion** creuse un trou où la fourmi glisse.

Pour attraper les insectes, l'**araignée** tisse une toile et attend, pendue à un fil.

Le **poisson archer** crache une violente giclée d'eau pour faire tomber sa proie.

La **baudroie** «pêche à la ligne» : un petit fil sur son crâne lui sert d'**appât**.

Les animaux se protègent

Les animaux chassés, les proies, doivent se protéger de leurs prédateurs. Ils utilisent différents moyens.

La fuite

La **gazelle** peut courir plus longtemps que le guépard. Elle lui échappe souvent.

Le camouflage

Certains **insectes** ressemblent à des épines pour passer inaperçus.

Le **caméléon** peut changer de couleur en fonction de ce qui l'entoure.

La surprise

La **pieuvre** envoie un jet d'encre qui la cache pendant qu'elle prend la fuite.

Quand elle est en danger, la **moufette** dégage une odeur très désagréable.

La ruse

Pour tromper son prédateur, le **chétodon** a un « faux œil » à l'arrière du corps.

Le poison

Le **crapaud** a de grosses verrues sur le corps qui libèrent un poison quand on le touche.

Les armures

Le **hérisson** a le dos couvert de piquants.

Le corps de la **tortue** est protégé par une carapace.

Le **pangolin** est un mammifère recouvert d'écailles.

À tOi dE joUeR

Le vol, la course, la nage, la marche, le saut… Sais-tu comment **ces animaux se déplacent** ?
N'oublie pas que certains peuvent utiliser plusieurs moyens.

la **chauve-souris**

l'**autruche**

la **grenouille**

le **grillon**

le **singe**

le **ver de terre**

Solution : la chauve-souris vole ; l'autruche court ; la grenouille saute et nage ; le grillon saute, vole, marche ; le singe grimpe, marche, saute, court ; le ver de terre rampe.

7 animaux sont cachés dans ce dessin. À toi de les trouver.

Solution : un phasme, un caméléon, un papillon, une grenouille verte, une chenille, une sauterelle, un lézard.

La nourriture des animaux

CEUX QUI MANGENT DES PLANTES

Ce sont les animaux les plus nombreux.

La **vache** mange de l'herbe :
elle est **herbivore**.

Le **campagnol** mange surtout des graines.
Il est **granivore**.

Certaines **chauves-souris** ne mangent que des fruits. Elles sont **frugivores**.

CEUX QUI MANGENT D'AUTRES ANIMAUX

Le **lion** se nourrit de viande.
Il est **carnivore**.

La **musaraigne** se nourrit d'insectes. Elle est **insectivore**.

Le **vautour** se nourrit de carcasses. C'est un **charognard**.

L'**ours**, le **cochon**… (et l'homme!) mangent de tout : de la viande, des fruits, des plantes, des graines… Ils sont **omnivores**.

Les chaînes alimentaires

Les animaux peuvent vivre nombreux au même endroit car ils ne mangent pas tous la même chose. Chaque espèce se nourrit d'une autre espèce. C'est ce que l'on appelle une chaîne alimentaire.

C'est toujours une **plante** qui se fait manger au départ.

Dans la savane, il y a beaucoup d'herbe à manger. Des animaux **herbivores,** comme le gnou et le zèbre, y vivent.

Les **carnivores**, comme les lions ou les guépards, chassent les herbivores.

Le **puceron** se nourrit de la **sève** des plantes.
La **coccinelle** mange les pucerons.

Dans la mer, au début de la chaîne alimentaire, il y a le **plancton** : des plantes ou des animaux minuscules qui flottent dans l'eau. Le maquereau mange le plancton. Le thon mange le maquereau. Le requin mange le thon.

LA VIE DES ANIMAUX

Les pelotes de réjection

Les chouettes rejettent ce qu'elles ne digèrent pas.

Elles mangent de petits animaux mais leur estomac **ne digère pas** les parties dures ; il en fait une **boule,** appelée **pelote de réjection**, qu'elles recrachent.

À tOi dE joUeR

Dans les pelotes de réjection, on retrouve les restes des animaux dévorés par les chouettes. En observant la grande image, **retrouve ce que la chouette a mangé**.

Solution : la chouette a mangé la musaraigne, l'oiseau, un hanneton et une coccinelle.

Des dents spécialisées

Les animaux ne mangent pas tous la même chose. Ils ne se servent pas de leurs dents de la même façon.

Les **incisives** sont des dents fines et tranchantes. Elles **coupent** comme des ciseaux.

Les **canines** sont des dents pointues. Elles **déchirent**, déchiquettent la viande.

Les **molaires** sont larges. Elles **broient** en faisant un mouvement de va-et-vient.

Lorsqu'on sait ce que mange un animal, on peut deviner quelles sont les dents les plus développées chez lui.

Le lion est **carnivore**.

Il a de longues **canines**
pour déchiqueter ses proies.

Le cheval est **herbivore**.

Il a de grandes **incisives** pour couper
l'herbe, et de grosses **molaires**
pour la broyer ensuite. Il n'a pas de canines.

Les **défenses** de l'éléphant
sont des **incisives** très développées.

Avec ses défenses, l'éléphant **creuse**
la terre, **arrache** des racines…

Mâles et femelles

Pour que des petits naissent, il faut qu'un mâle et une femelle se rencontrent. Le mâle doit souvent montrer qu'il est plus fort et plus beau que les autres mâles pour séduire la femelle.

Les mâles peuvent **se battre** pour conquérir tout un groupe de femelles. À la fin du combat, le mâle le plus fort part avec l'ensemble du troupeau.

Le **coq** a une crête
bien rouge et
de belles plumes
pour séduire
les poules.

Le **paon** fait la roue
avec sa queue
devant les paonnes.
Il pavane.

Le **cerf** brâme
pour attirer
les biches.
Avec ses bois
longs et brillants,
il va leur plaire !

Différentes sortes d'œufs

Chez de nombreux animaux, les petits se forment dans des œufs pondus par la femelle.

La femelle poisson **pond** des millions d'œufs. Ils sont tout mous.

Le mâle **féconde** aussitôt les œufs avec sa laitance. Les **œufs sont abandonnés** dans le courant.

Beaucoup d'œufs sont **dévorés**, mais les autres donnent des alevins.

Le mâle et la femelle oiseau s'accouplent. La femelle **pond** 4 ou 5 œufs dans le **nid** qu'ils ont préparé.

La femelle **couve** les œufs. Les petits se développent à l'intérieur, bien protégés par la coquille dure.

Quand les oisillons sont prêts, ils **brisent la coquille**.

Chez les mammifères, les petits grandissent dans le ventre de leur maman.

Les hommes aussi sont des mammifères.

Le chien et la chienne **s'accouplent**.

Les petits se forment **dans le ventre** de la mère.

Ils **grandissent**.

Ils naissent au bout de **9 semaines**.

Ils **tètent** leur mère.

La chienne s'occupe de ses petits chiots pendant **quelques semaines** seulement.

De la naissance à l'âge adulte

Chez la plupart des vertébrés (mammifères, oiseaux ou reptiles), les petits se développent très simplement.

Ils grandissent et ils grossissent. Mais, pour certains, c'est **plus compliqué**.

Quand il grandit, le **serpent** doit changer de peau plusieurs fois : c'est la **mue**.

À leur naissance, les **kangourous** sont minuscules. Ils doivent ramper jusqu'à la **poche** de leur mère pour finir de grandir, bien au chaud. Ils en sortiront vers 8 mois.

Pour devenir **grenouille**, le têtard doit se transformer : c'est la **métamorphose**.
Les têtards qui sortent des œufs sont minuscules ;
ils n'ont qu'une grosse tête et une queue. Ils respirent dans l'eau.

Les **pattes arrière** apparaissent les premières,

puis les **pattes avant**. Enfin, la **queue** disparaît.

La **grenouille** peut respirer à l'air libre.

Chez certains insectes, comme le papillon, la métamorphose est encore plus compliquée.

Quand l'œuf du papillon éclôt, il en sort une **larve**, la **chenille**.

La chenille grossit très vite. Elle se suspend et se transforme en **nymphe**.

Enfin, la nymphe devient **papillon**.

Travailler avec les animaux

Le **vétérinaire** est le médecin des animaux de la ville et de la campagne.

En ville, le **vétérinaire** soigne les «bobos» plus ou moins graves des animaux qui vivent avec leurs maîtres en appartement : les chats, les chiens, les oiseaux…

À la campagne, le **vétérinaire** soigne les animaux de la ferme. Il aide les petits à naître.

Les **zoologistes** étudient la vie des animaux
pour mieux les comprendre et savoir les protéger.

Certains **zoologistes** étudient le comportement d'une espèce animale durant toute leur vie. Certains observent les araignées, d'autres, les gorilles… Ils essaient de comprendre leur façon de vivre.

LA VIE DES PLANTES

Une autre façon de se nourrir

Ce qui fait la différence entre les animaux et les plantes, c'est la manière dont ils se nourrissent.

Les **animaux** trouvent leur nourriture dans la nature, là où ils vivent.

Les **plantes** ne mangent pas. Elles se nourrissent avec leurs **racines** et capturent l'énergie du soleil avec leurs **feuilles**.

À tOi dE joUeR

Certains animaux ressemblent beaucoup à des plantes.
Observe ces dessins et essaie de trouver quels sont les **animaux** et les **plantes**.

des **algues**

des **coraux**

des **anémones de mer**

une **moule**

un **phasme**

des **droseras**

Solution : l'algue est une plante ; le corail, l'anémone de mer et la moule sont des animaux qui se nourrissent de minuscules animaux marins ; le phasme est un insecte qui ressemble à une brindille ; la drosera avale des insectes mais c'est aussi une plante carnivore.

Les plantes sont très variées

Il y a des plantes de toutes les tailles.

Certaines sont **minuscules**, d'autres **immenses**.

Les plantes sont fixées dans le sol par leurs **racines**.

Les plantes sont le plus souvent **vertes**.

Beaucoup de plantes ont des **fleurs**.

Un arbre fruitier a des **feuilles** du printemps à l'automne.

Il a des **fleurs** au printemps.

Il a des **fruits** en été.

Il n'a **pas de feuilles** en hiver.

Dans les **pays chauds**, les plantes ont des feuilles toute l'année.

Les plantes poussent partout

Sur la Terre, il y a des plantes partout, même dans les rivières ou dans les mers, dans les déserts ou sur les sommets glacés des montagnes.

Les **algues** vivent le plus souvent dans l'eau.

Les **mousses** vivent dans des lieux humides, souvent au pied des arbres. Elles n'aiment pas le soleil.

Les **champignons** vivent dans les forêts. Certains se mangent, d'autres sont vénéneux : il ne faut pas les toucher!

Dans les pays chauds, les **fougères** peuvent atteindre la hauteur d'un immeuble de plusieurs étages.

Les **fleurs de montagnes** résistent au froid et à la neige.

Les **plantes grasses** résistent à la sécheresse du désert.

LES ARBRES

Les arbres se caractérisent par leur silhouette et leurs feuilles.

Les **feuillus** sont des arbres à feuilles plates.

Elles **tombent** à l'automne, dans les régions où il n'y a pas beaucoup de soleil en hiver.

Les **conifères** ont des feuilles en forme d'**aiguilles** qui résistent au froid.

Le **baobab** a un énorme tronc.
Il ne perd pas ses feuilles.
On dit qu'il a des **feuilles persistantes.**

Le classement des plantes

Comme les animaux, les plantes sont classées en différents groupes. Pour les classer, on regarde si elles ont : des racines, des feuilles, des fleurs.

Les champignons ne sont pas des plantes comme les autres : ils n'ont ni feuilles ni racines ni fleurs.

Les algues ont des feuilles, mais pas de racines ni de fleurs.

Les mousses ont de nombreuses petites feuilles, mais pas de racines ni de fleurs.

Les fougères ont des feuilles, des racines, mais pas de fleurs.

Les plantes à fleurs sont les plantes les plus nombreuses : elles ont des racines, des feuilles et des fleurs.
Les **arbres** et les **herbacées** appartiennent à ce groupe.

Les conifères sont des arbres qui ont des fruits en forme de cônes.

Les herbacées sont des petites plantes dont la tige est souple comme les **fleurs** des jardins et des champs.

À tOi dE joUeR

Dans ce **paysage**, il y a des plantes de chaque groupe : des plantes à fleurs, des mousses, des fougères, des champignons, des conifères. Les reconnais-tu ?

un conifère
des algues

Les différentes parties d'une plante

Petites ou grandes,
les plantes ont :
des racines (1),
une tige
ou un tronc (2),
des feuilles (3),
et souvent
des fleurs
puis des fruits.

LES FEUILLES DES ARBRES

Pour reconnaître un arbre, il faut bien observer ses feuilles.

La queue s'appelle le **pétiole**.

La partie la plus importante de la feuille s'appelle le **limbe**.

Le limbe est parcouru de **nervures**.

Feuille d'**érable**

Feuille de **chêne**

une foliole

La feuille de **marronnier** est composée de plusieurs folioles.

Feuille de **noisetier**

Les plantes vivent

Les plantes produisent elles-mêmes la matière vivante dont elles ont besoin pour grandir.

Tous les êtres vivants ont besoin d'**énergie** pour vivre.
C'est la **nourriture** qui apporte aux hommes et aux animaux leur énergie.

Pour se développer, les plantes captent la lumière du soleil grâce à la **chlorophylle** des feuilles (un pigment vert qui donne aux feuilles leur couleur). Elles fixent le **gaz carbonique** de l'air et rejettent l'**oxygène**.

Une plante **absorbe** l'eau de la terre par ses racines et **fabrique** sa nourriture avec la lumière.

Une plante ne peut pas vivre **sans eau**.

Une plante ne peut pas vivre **sans lumière**.

Une plante ne peut pas vivre très longtemps **coupée** de ses racines.

Pour vivre, une plante a besoin de **terre**, d'**eau** et de **lumière**.

La sève nourrit la plante

La sève circule dans toute la plante par de minuscules «tuyaux».

OBSERVER POUR MIEUX COMPRENDRE

Mets un **œillet** blanc et une branche de **céleri** dans un vase transparent.

Verse quelques gouttes d'**encre colorée** dans l'eau.

Observe le changement de couleur. C'est le chemin de la **sève brute**.

La **sève** de certaines plantes, comme la **canne à sucre**, est particulièrement **sucrée**.
En pressant les tiges de cannes à sucre, on obtient un liquide
qui permet de faire le « sucre de canne ».

Le sirop d'**érable** est fait avec la sève très sucrée de l'érable.
Pour le recueillir, les Canadiens font des petites coupures dans le **tronc** des érables.
L'hiver, les enfants en font couler un peu sur de la neige et se régalent.

La vie d'un arbre

La vie d'un arbre commence avec le développement du germe contenu dans la graine tombée d'un autre arbre.

Des **racines** sortent de la graine et s'enfoncent dans la terre, puis une tige sort du sol.

La **tige** s'élance vers la lumière et forme de petites **feuilles**. Les arbres vont grandir ainsi toute leur vie.

Chaque printemps, la **sève** fait pousser de nouvelles racines et de nouvelles feuilles. Les branches **s'allongent**, le tronc **s'épaissit** et grandit.

Les arbres aussi **vieillissent** et meurent. Certains vivent très longtemps.

L'**écorce** protège l'arbre. Elle est souvent lisse sur un arbre jeune, et rugueuse sur un vieil arbre. La **sève** circule sous l'écorce.

Chaque été, un nouvel **anneau de croissance** se forme dans le bois du tronc.

Sur un tronc coupé, chaque anneau correspond à une **année**.

En automne, quand le froid arrive et que la lumière est moins forte, la circulation de la sève **ralentit**. Les feuilles tombent.

Les graines se déplacent

Les plantes utilisent différents moyens pour éparpiller leurs graines dans la nature et trouver un terrain favorable pour mieux pousser.

Quand un oiseau mange une **cerise**, il avale le noyau.

Il transporte le **noyau** dans son ventre.

Il dépose le noyau un peu **plus loin** dans sa crotte.

La graine du **gaillet gratteron** s'accroche aux poils des animaux ou aux habits des promeneurs.

La graine du **pissenlit** ressemble à un petit parachute. Elle est emportée par le vent.

L'**écureuil** cache ses noisettes loin du noisetier où il les a trouvées. Souvent il en oublie.

À toi de jouer

Essaie de trouver comment chacune de ces graines va réussir à **se déplacer**.

la **noix de coco**

le **gland**

le **pissenlit**

la **mûre**

grâce à l'**écureuil**?

ou à l'**oiseau**?

Solution : la noix de coco est emportée par la mer et déposée sur une plage. Le gland est emporté par l'écureuil. Les graines de pissenlit sont emportées par le vent. Les graines de mûre sont emportées par l'oiseau.

Des fleurs pour se reproduire

C'est grâce aux fleurs que la plupart des plantes se reproduisent.

Chaque fleur possède des **organes mâles** (les étamines) ou **femelles** (le pistil), ou les deux à la fois.

AU CŒUR DES FLEURS

Les **sépales** sont les petites feuilles vertes qui protègent le bouton de la fleur.

Les **étamines** (qui renferment le pollen) et le **pistil** se trouvent au centre de la fleur, à l'abri des **pétales**.

Le **pistil** est la partie renflée au milieu des étamines.

La plupart des plantes à fleurs ont besoin des **insectes** pour former leurs graines. Elles les attirent avec leur **nectar sucré**, leur **odeur** et leurs **belles couleurs**.

De la fleur à la graine

Pour qu'une graine se forme, il faut que le grain de pollen d'une fleur rencontre le pistil d'une autre fleur de la même espèce. C'est souvent un insecte qui leur permet d'y arriver.

Au moment de la reproduction, les étamines des fleurs s'ouvrent et laissent échapper une fine poussière : les grains de pollen.

Les **grains de pollen** s'accrochent aux pattes des insectes…

… qui les emportent **vers d'autres fleurs**…

… et les **déposent** sur les pistils.

Les mêmes insectes butinent toujours la **même espèce** de fleurs.

Le pollen des fleurs peut aussi être transporté **par le vent** comme pour les chênes.

DE LA GRAINE AU FRUIT

Les grains de pollen sont les cellules mâles. Ils pénètrent **à l'intérieur du pistil** qui contient les cellules femelles, ou ovules.

Quand un grain de pollen rencontre un ovule, la **graine** se forme. Les pétales tombent.

Pour former une **cerise** l'ovule se transforme en noyau et le pistil en fruit.

Dans la cerise, **ce que l'on mange**, c'est le pistil.

Le **noyau** contient la graine. Il pourra peut-être donner un nouveau cerisier.

D'autres façons de se reproduire

Toutes les plantes n'ont pas besoin de fleur pour se reproduire. Certaines peuvent redonner une nouvelle plante à partir d'un simple petit bout de tige : c'est le bouturage.

On coupe une **tige** de géranium ou d'impatiens.

On la dépose dans un **verre d'eau**.

Des **racines** se forment.

Une **nouvelle plante** pousse.

Certaines plantes, comme le **fraisier**, se bouturent toutes seules dans la nature. Le fraisier a de **longues tiges** avec, d'un côté, des **feuilles**, et de l'autre, des **racines**. Les racines s'enfoncent dans le sol et donnent un nouveau plant de fraisier, qui va se détacher de sa plante « maman ».

Une **pomme de terre** est un **tubercule**, un organe qui contient les réserves de la plante et peut donner une nouvelle plante.
Ce n'est pas une graine.

Quand on plante une pomme de terre, des tiges sortent et donnent des **feuilles** puis des **fleurs**. Les **tiges souterraines** gonflent : ce sont les nouvelles pommes de terre.

La **jacinthe** et la **tulipe** sont des plantes à **bulbes** : elles peuvent redonner une nouvelle plante chaque année.

Les **iris** repoussent chaque année à partir du **rhizome** resté dans la terre.

Observer une graine

Pour bien comprendre comment est faite une graine, observe une graine de haricot.

Pour l'ouvrir facilement avec ton ongle, laisse le haricot tremper dans de l'eau quelques heures.

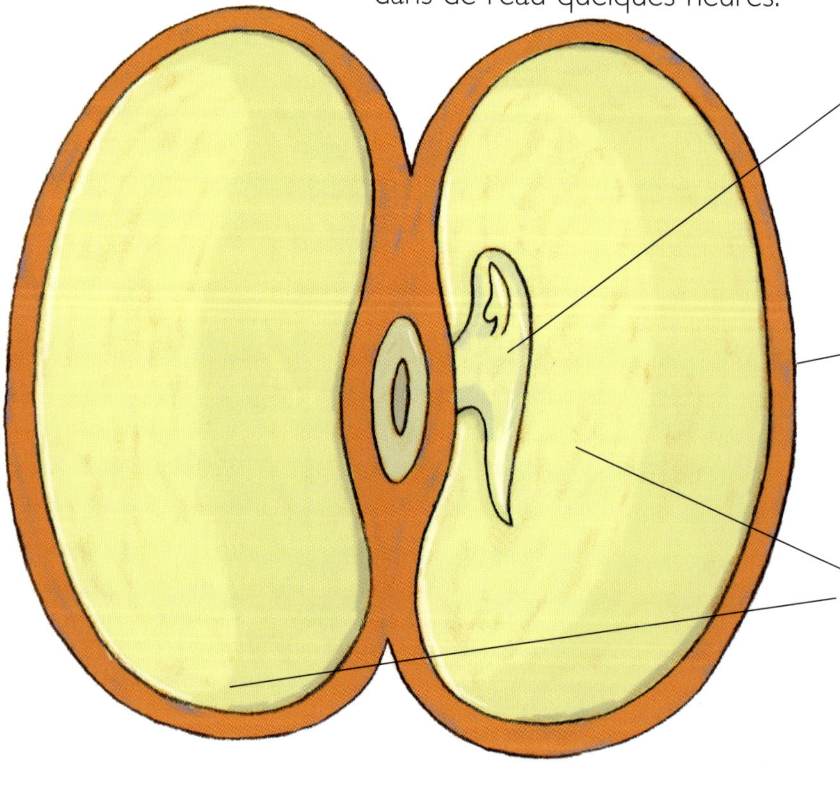

LES ÉTAPES DE LA GERMINATION

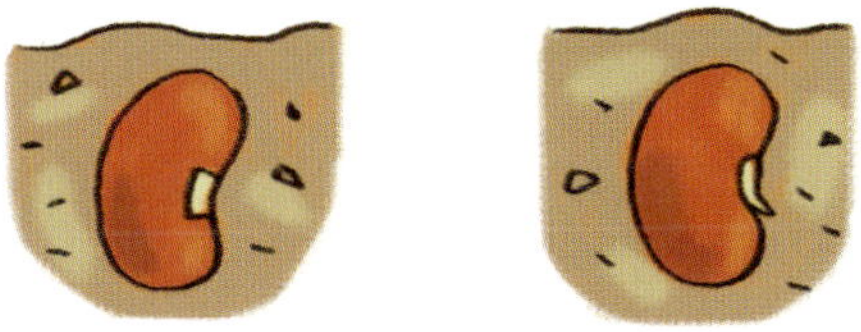

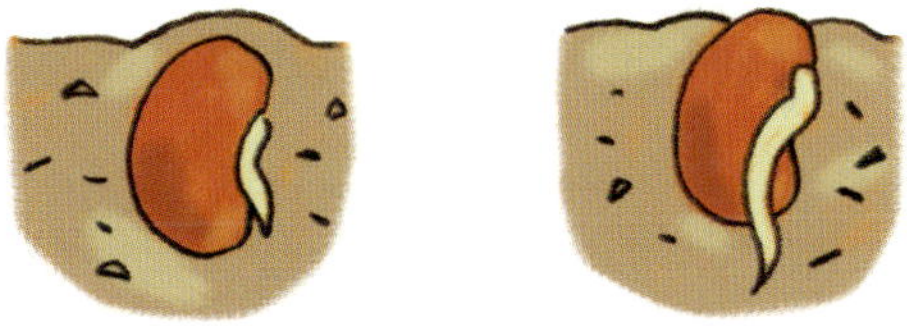

Si on **plante** un grain de haricot, il **gonfle** ; son enveloppe se déchire.

Une **petite racine** apparaît. On dit qu'il germe : c'est la **germination**.

En se développant, la racine fait **sortir** les deux cotylédons du sol.

Les premières **feuilles** apparaissent.

La jeune plante peut se **nourrir** et les cotylédons, épuisés, disparaissent.

Si les **fleurs** sont fécondées, des graines et des fruits vont se former.

Le pistil de la fleur donne la **cosse** du haricot.

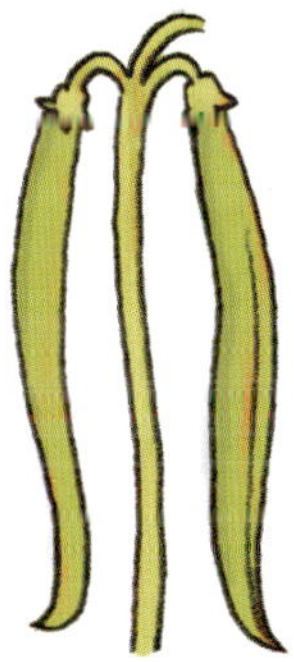

C'est le haricot vert que l'on mange.

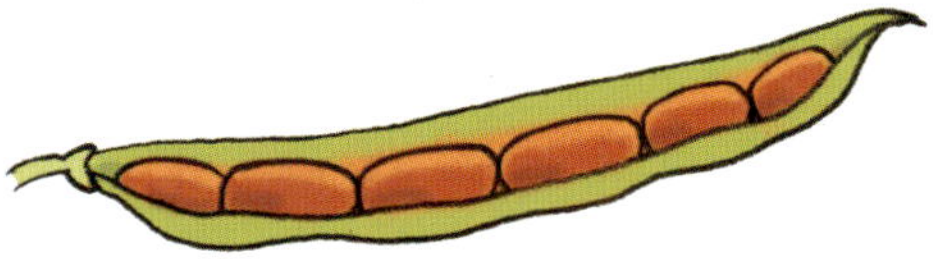

Les grains de haricot sont dans la cosse. Ce sont les **graines**.

En germant, les grains pourront redonner de nouvelles plantes.

Travailler avec les plantes

L'**agriculteur** cultive du blé, du maïs, du tournesol, des betteraves sucrières, des plantes qui servent à l'alimentation des hommes ou des animaux d'élevage.

Le **maraîcher** cultive les légumes que l'on achète au marché.

Les **botanistes** sont les spécialistes des plantes. Certains parcourent le monde pour en découvrir de nouvelles.

Certains botanistes étudient l'**anatomie** des plantes, c'est-à-dire la manière dont elles sont faites.

D'autres botanistes étudient la **physiologie** des plantes, c'est-à-dire la manière dont elles vivent.

Le **généticien** peut créer de nouvelles plantes. Il mélange des plantes entre elles pour les améliorer : par exemple, une tomate au goût savoureux mais pas belle avec une tomate sans goût mais bien rouge… Il obtient une belle et délicieuse tomate !

LA VIE DU CORPS

Les différentes parties du corps

Connais-tu le nom des différentes parties du corps ?

L'ensemble des os forme le squelette. Les muscles qui nous font bouger sont attachés aux os.

Notre corps a plus de **600 muscles**.

Le squelette est fait de **206 os**.

En s'allongeant, nos os nous font **grandir**.

LA VIE DU CORPS

Les os et les muscles

Les os sont durs. Ils soutiennent le corps et lui permettent de bouger.

Sans le **squelette**, notre corps serait tout mou, comme un ver ou une limace.

Les os de notre squelette n'ont pas tous la même forme.

La **main** est formée de 27 petits os. Le **pied** de 26 os.

Les os du **crâne** sont plats ; ils forment une boîte qui protège le cerveau.

Les **32 vertèbres** de la colonne vertébrale soutiennent le haut du corps.

Les os des **bras** et des **jambes** sont les plus longs.

12 paires de **côtes** forment la **cage thoracique** qui protège le cœur et les poumons.

Les os bougent les uns par rapport aux autres au niveau des articulations : les coudes, les genoux, les épaules…

Les **muscles** sont attachés aux os par des **tendons**.
Ils **tirent** sur les os pour les faire bouger.

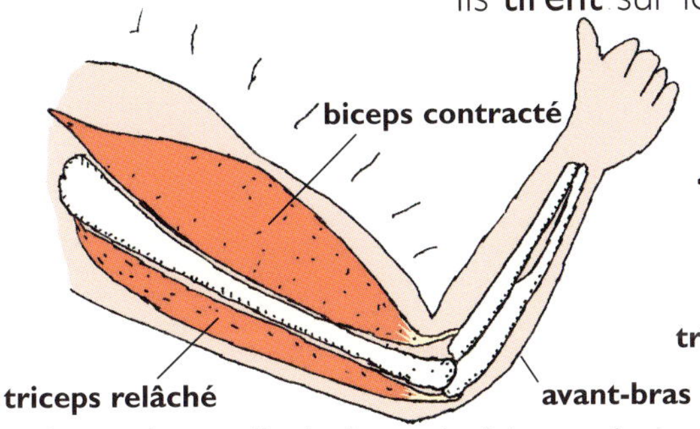

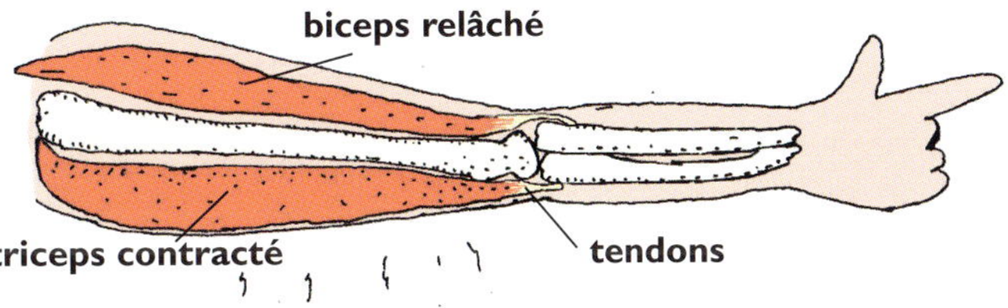

Quand on plie le bras, le **biceps**, le muscle du bras, se gonfle et se raccourcit. Il tire l'os de l'avant-bras.

Quand on étend le bras, cette fois, c'est un autre muscle, le **triceps**, qui se gonfle et se contracte.

Pratiquer un sport fait **travailler les muscles** : ils deviennent plus gros et plus puissants.

Mais prudence ! Les os peuvent **se casser**.

Il faut passer une **radio** à l'hôpital pour voir où est la **fracture**.

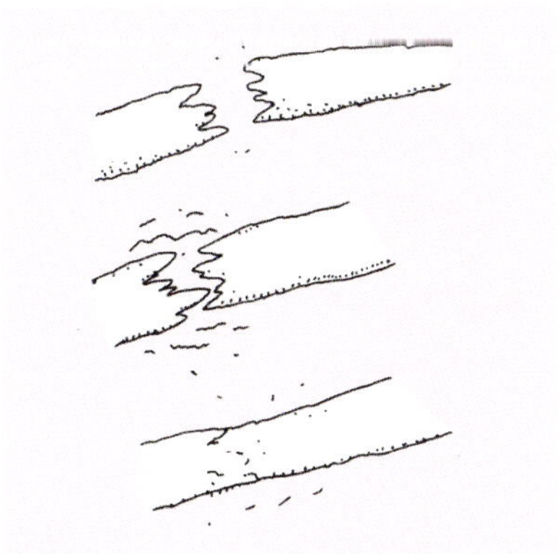

Heureusement, l'os est une **matière vivante** ; il va se reformer tout seul.

Mais il faut mettre l'os dans un **plâtre** pour qu'il ne bouge pas.

Le cerveau

**Situé dans le crâne,
le cerveau est l'organe
qui commande
tout ce que fait notre corps,
même dormir.**

Nos 5 sens informent notre cerveau de tout ce qui se passe autour de nous.

La **vue** permet de voir les formes, les couleurs…

L'**ouïe** permet d'entendre les sons.

L'**odorat** permet de reconnaître les odeurs.

Le **toucher** permet de reconnaître la forme, la température et l'aspect des choses.

Le **goût** permet de reconnaître les saveurs de ce que l'on mange.

La vue et l'ouïe

L'œil est l'organe de la vue.

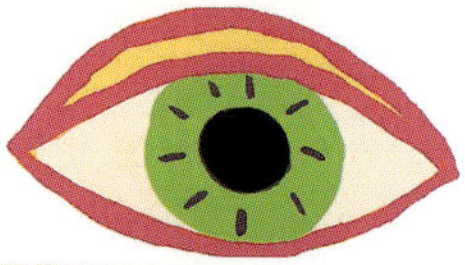

Le petit rond noir au milieu des yeux s'appelle la **pupille**.

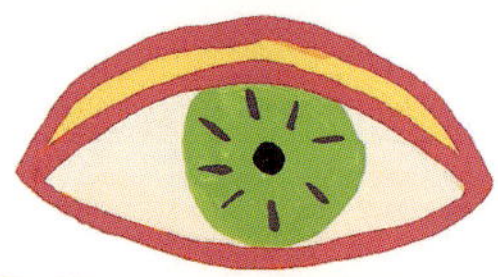

La **pupille s'agrandit** quand on est dans le noir. Ainsi, l'œil capte plus de lumière pour mieux voir.

La **pupille rétrécit** quand il y a trop de lumière, quand on est ébloui.

L'oreille est l'organe de l'ouïe.

Elle permet d'entendre les **sons**.
Le son entre **à l'intérieur de l'oreille** et vient frapper une petite membrane : le **tympan**.

CHAMPIONS, LES ANIMAUX !

L'**aigle** a une vue très perçante et voit sa proie de loin, comme avec des jumelles… mais uniquement le jour.

L'**éléphant** a une ouïe très fine. Ses grandes oreilles lui servent aussi d'éventail pour se rafraîchir.

Jouons avec la vue

Pour vérifier que tu as une bonne vue, **observe** ces dessins de loin (recule de 8 pas).
Si tu vois bien tous les dessins de la dernière ligne, ta vue est parfaite.

TES YEUX TE PIÈGENT

Quel est le **trait** le plus **long** ?

Quel est le petit **carré** le plus **grand** ?

Y a-t-il 1 ou 2 **cordons** ?

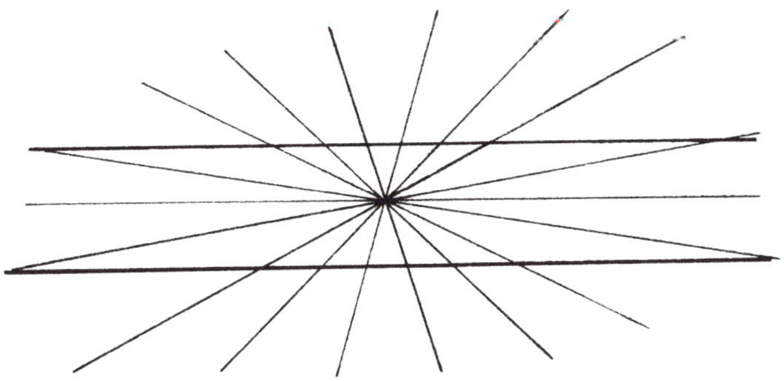

Les 2 **traits** horizontaux sont-ils droits ou courbes ?

Quel est le **W** le plus **gros** ?

Solution : les deux traits et les deux carrés ont la même taille. Un seul cordon. Les deux W sont identiques. Les deux traits sont droits.

L'odorat, le goût et le toucher

Le nez est l'organe de l'odorat.
Il capte les **odeurs** qui sont dans l'air.
Il peut reconnaître de très nombreuses odeurs différentes :

qu'elles soient **agréables**… … ou **désagréables**.

La langue est l'organe du goût.
La langue ne reconnaît que **quatre saveurs** :

sucré **salé** **amer** **acide**

La peau est l'organe du toucher.

On **touche** le plus souvent avec les **mains**.
Mais toute la **peau** du corps permet de sentir ce que l'on touche.

CHAMPIONS, LES ANIMAUX !

Avec ses antennes, le **papillon** «sent» de très loin le parfum de la femelle.

Le **serpent** se sert de sa langue pour toucher ce qui l'entoure. C'est pourquoi il la sort souvent.

Au bout de ses 2 grandes cornes, l'**escargot** a des yeux. C'est avec ses 2 petites cornes qu'il «touche».

Écouter les sons

Pour entendre, on a besoin de ses deux oreilles.

Si on a les deux oreilles bouchées, on n'entend rien. Avec une oreille bouchée, on ne repère pas bien d'où vient le son. Avec ses deux oreilles, même les yeux bandés, on entend bien !

MESSAGE SECRET

Les **sons faibles** sont difficiles à entendre.

Chuchote un message à l'oreille de ton voisin qui, à son tour, le chuchote à son voisin et ainsi de suite. Est-ce que le dernier a bien entendu ?

La langue ou le nez ?

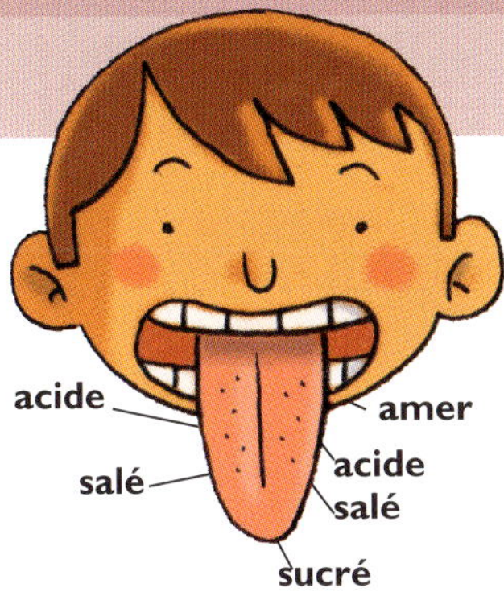

La langue est recouverte de petits points en relief, les papilles, qui permettent de sentir le goût des aliments.

Chaque partie de la langue reconnaît une des 4 saveurs.
Fais le test avec le bout de ta langue.

Mais c'est grâce au **nez** que l'on « sent » les goûts de ce que l'on mange.
Si on a le **nez bouché**, on ne sent plus rien et les aliments n'ont plus beaucoup de goût.

Ce que l'on **voit** aussi est important.
Aimerais-tu une banane rose, une orange bleue ou des frites mauves ?

Jouons avec le goût

Quel **goût** ont donc ces aliments?

Sauras-tu retrouver les **saveurs** de ce que mange chacun des enfants? Attention! Certains aliments peuvent avoir 2 saveurs.

SUCRÉ	**SALÉ**
AMER	**ACIDE**

un gâteau

un sandwich

des noix

un soda

une clémentine

une endive

des bonbons

des chips

du chocolat noir

des tomates

un pamplemousse

des frites

un yaourt
sans sucre

du miel

une saucisse

des
cornichons

Solution : **sucré** : gâteau, soda, bonbons, miel ; **salé** : sandwich, chips, frites, saucisse ; **amer** : endive, noix ;
acide : yaourt sans sucre, cornichon ; **sucré et amer** : pamplemousse ; chocolat noir ; **acide et sucré** : tomate, clémentine.

Jouons avec le toucher

Les zones du corps les plus sensibles sont la langue et le bout des doigts. D'autres zones du corps sont beaucoup moins sensibles : le dos, le bas des jambes.

Amuse-toi à le vérifier en faisant le test du crayon.

LE TEST DU CRAYON

Prends **2 crayons** bien taillés que tu fixes ensemble avec du ruban adhésif.

Pique légèrement avec les crayons les différentes parties de ton corps.

le haut du dos

le bas des jambes

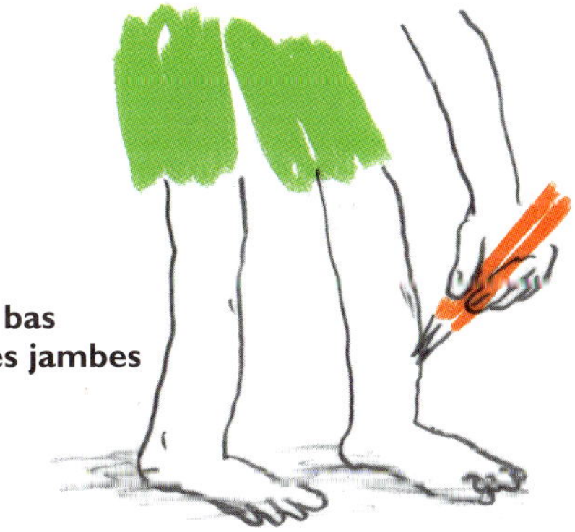

le bras

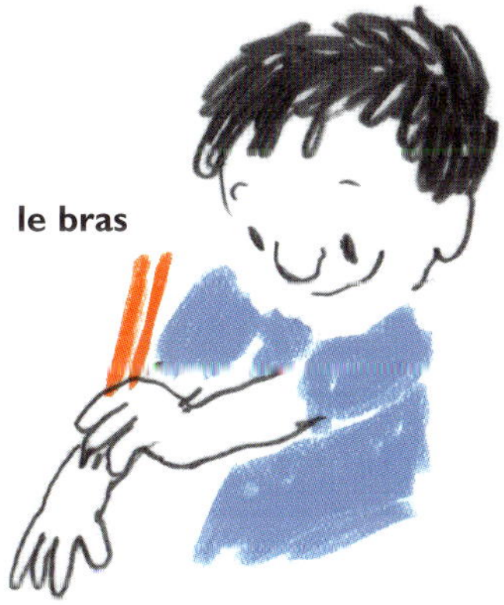

Où sens-tu le mieux les **2** pointes?

la joue

la cuisse

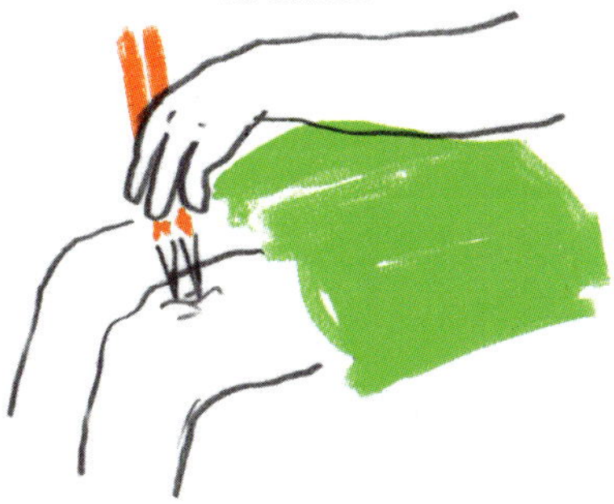

la plante du pied

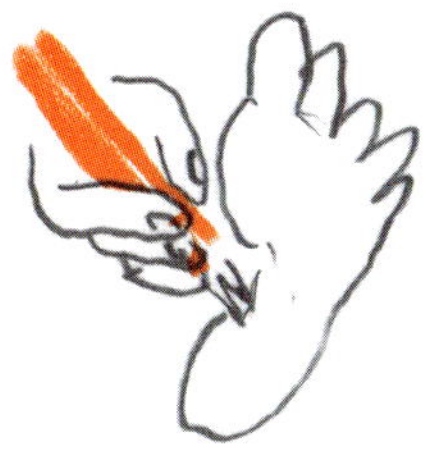

Lorsqu'on sent une seule pointe, la zone est **peu sensible**.
Lorsqu'on sent les deux pointes, la zone est **très sensible**.

La respiration

Jour et nuit, sans jamais arrêter, nous respirons de l'air.

Car, dans l'air, il y a un gaz indispensable à la vie de notre corps : l'**oxygène**.

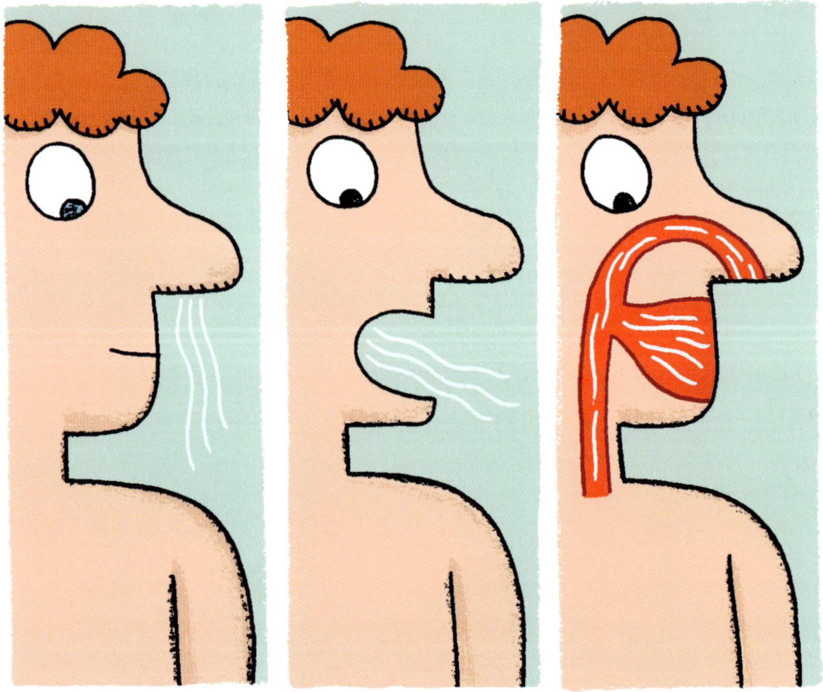

L'air entre dans notre corps par le **nez** ou par la **bouche**. Il descend vers les poumons par la **trachée**. La trachée est le gros tuyau que l'on sent à l'avant du **cou**.

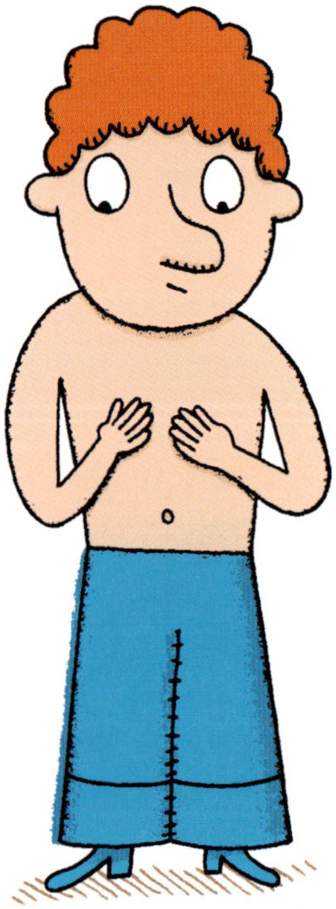

Il passe chaque jour près de **100 000 litres d'air** dans nos **2 poumons** !

La **trachée** se divise **en deux** pour aller dans chaque **poumon**.
L'**air** entre et sort des poumons.

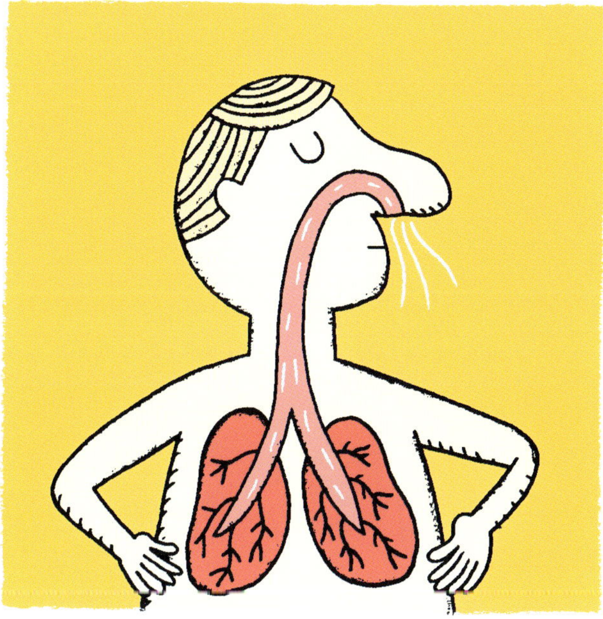

Lorsque l'**air**, rempli d'oxygène, **entre** dans les poumons, ils se gonflent. C'est l'**inspiration**.

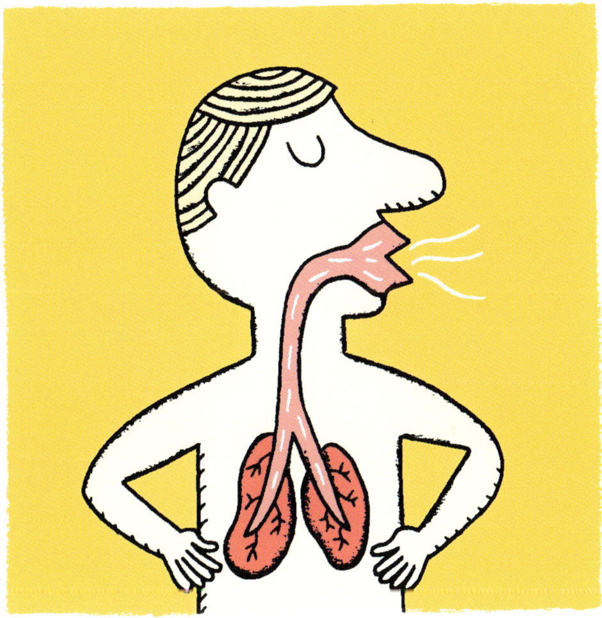

Lorsque l'**air ressort**, les poumons se dégonflent. C'est l'**expiration**.

Quand on souffle **à fond** dans un ballon, la **moitié** de l'air des poumons passe dans le ballon.

L'**air** que l'on expire est **chaud** et **humide** : il fait de la **buée** sur une glace.

Le cœur fait circuler le sang

Pour atteindre tous les endroits du corps, le sang est poussé par les battements du cœur.

Le **cœur** est une sorte de pompe qui fait circuler le sang dans notre corps : c'est la **circulation du sang**.

On sent bien les **battements** du sang, poussé par le cœur, en pressant les doigts sur les veines du poignet, de la cheville, ou du cou.

On dit que l'on prend le **pouls**. On sent environ 72 pulsations par minute.

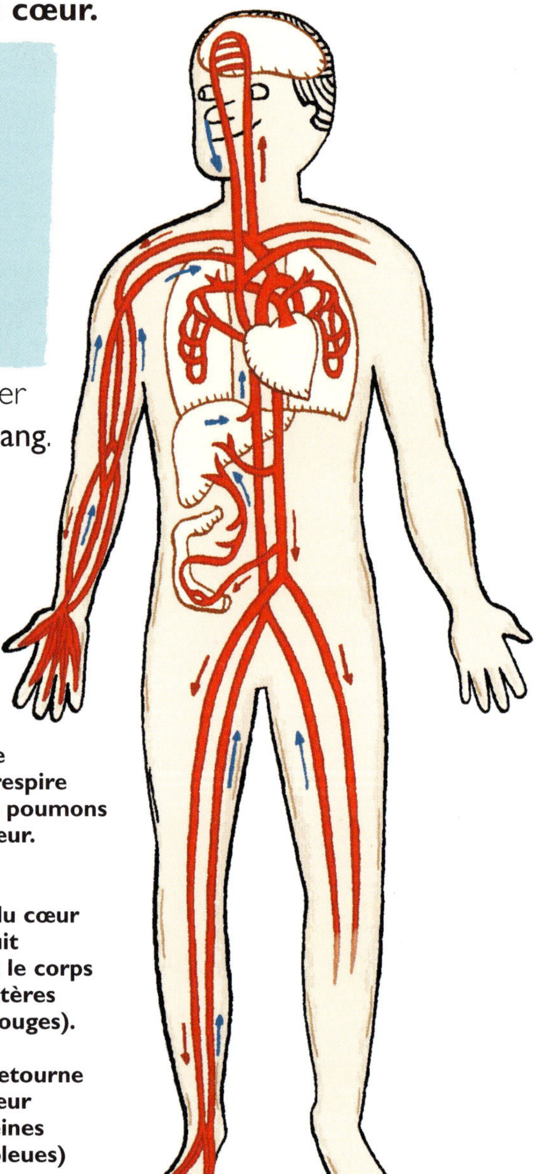

L'oxygène que l'on respire passe des poumons vers le cœur.

Le sang qui sort du cœur est conduit dans tout le corps par les artères (flèches rouges).

Le sang retourne vers le cœur par les veines (flèches bleues) et va vers les poumons pour reprendre de l'oxygène.

Le cœur ne bat pas toujours au même rythme.

Le cœur bat **plus vite**…

… quand on est **ému**.

… quand on a **peur**.
Les muscles vont avoir besoin d'oxygène pour fuir le danger!

Les muscles qui travaillent utilisent **plus d'oxygène**.
Il faut que le sang le leur apporte vite.

Le cœur bat **lentement**…

… quand on est **calme**.

… quand on se **repose**.

Les muscles qui ne travaillent pas ont besoin de **moins d'oxygène**.
Le cœur bat moins vite.

De quoi est fait le sang ?

Si on se pique ou si on tombe, du sang rouge apparaît.

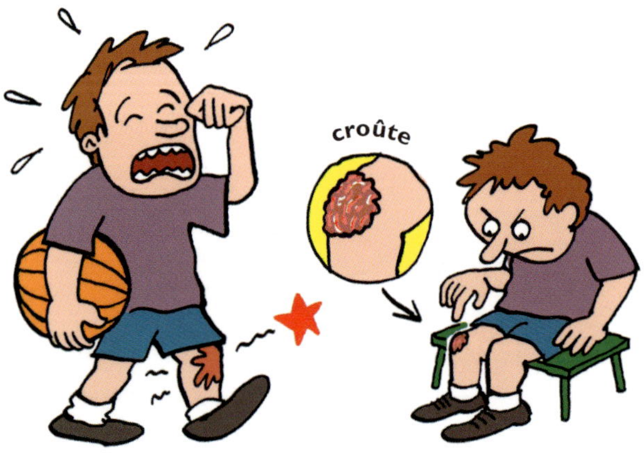

Quand on s'écorche, on **saigne** car les petits vaisseaux sous la peau ont été coupés par l'égratignure. Pour les réparer, le sang forme une **croûte**.

Quand on se cogne, une **bosse** ou un **bleu** se forment car un peu de sang est sorti sous la peau.

Mais qu'y-a-t-il dans le sang?

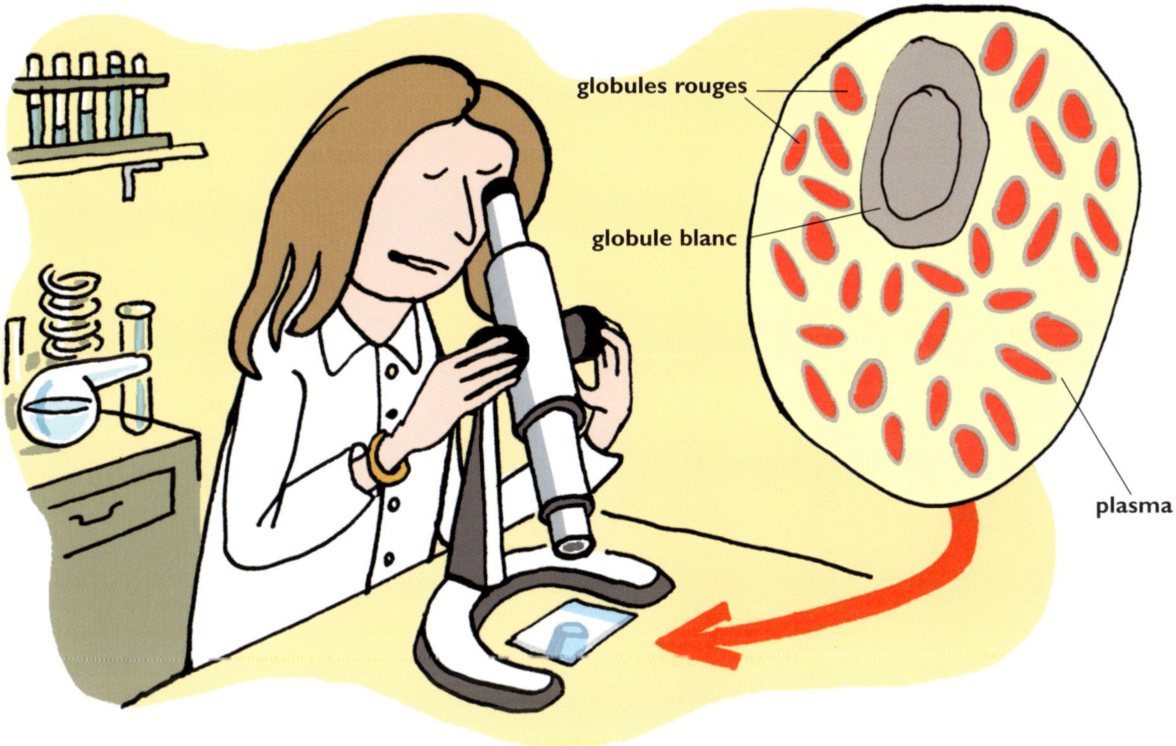

Quand on regarde une **goutte de sang** au microscope, on voit que le sang est composé de plusieurs éléments : les globules rouges, qui lui donnent sa couleur, les globules blancs et un liquide : le plasma sanguin. Notre corps a **5 litres de sang**, dont 3,5 litres de plasma.

Les **globules rouges** transportent l'**oxygène** dans tout le corps. Ils se chargent d'oxygène dans les poumons.

Les **globules blancs** sont les « gendarmes » du corps. Ils vérifient que tout est normal et détruisent les **microbes**.

Le **plasma sanguin** est la partie liquide du sang. Il apporte des **aliments** à notre corps.

Les aliments

Les aliments, c'est-à-dire ce que l'on mange, apportent à notre corps ce dont il a besoin pour bien fonctionner.

La viande, le poisson, les œufs (les protides) sont riches en **protéines**.
Ils aident à **grandir**.

Les aliments riches en **sucre** (les glucides) ou en **graisse** (les lipides) donnent de l'**énergie** aux muscles.

Les fruits, les légumes sont riches en **vitamines** ; elles sont indispensables à la santé.

LES VITAMINES

La **vitamine C** se trouve dans les fruits frais.
Elle aide le corps
à se défendre contre les maladies.

La **vitamine A** est présente
dans les carottes, les œufs, le foie.
Elle aide à bien grandir et à bien voir.

Plus de la moitié de notre corps est fait
d'**eau**, il faut boire régulièrement,
surtout après un effort
et quand il fait chaud.

Nous avons besoin d'environ **2 litres**
de liquide par jour, que l'on trouve
dans les boissons, mais aussi
dans ce que l'on mange.

En forme

Pour que notre corps fonctionne bien, il faut bien le nourrir, manger un peu de tout : avoir une alimentation équilibrée.

Il n'est pas bon de grignoter en dehors des repas. Les **4 repas** suffisent à nous nourrir. Un bon **petit déjeuner** est important pour bien démarrer la journée !

Pour bien se nourrir, il faut manger **un aliment de chaque groupe** : une part de **viande** ou de **poisson** ou un **œuf**, un **laitage** (yaourt, fromage blanc), un **féculent** (pâtes, pommes de terre, riz), un **légume** et un **fruit**.

Si tu **manges trop**, sans faire de sport, tu risques de **trop grossir**. Tu peux manger des frites, des hamburgers et boire du soda... mais en petite quantité !

Dans certains pays, les enfants n'ont **pas assez** d'aliments de bonne qualité **à manger**, ils sont **fragiles** et victimes de toutes sortes de maladies.

Autrefois, sur les bateaux, les marins ou les pirates ne mangeaient **pas d'aliments frais** contenant de la vitamine C. Ils attrapaient le **scorbut**, une maladie qui fait tomber les dents.

La digestion

Avant de passer dans le sang pour faire fonctionner notre corps, les aliments que l'on mange suivent un long chemin : c'est la digestion.

Ce que l'on mange à chaque repas est réduit en une sorte de **purée liquide**.

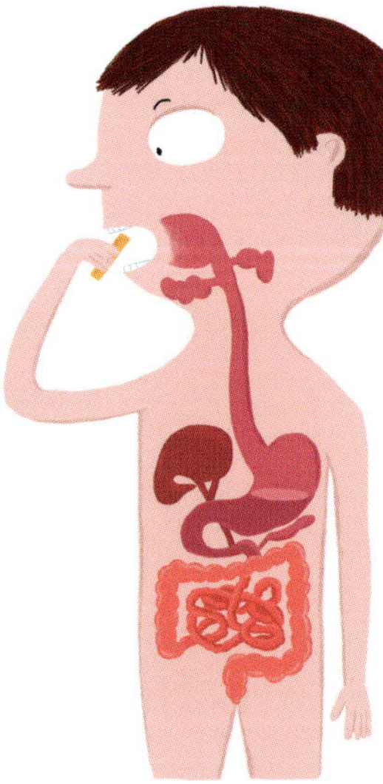

Les aliments parcourent le **tube digestif**. Il va de la bouche à l'anus.

Les **intestins** sont enroulés dans notre ventre. Ils mesurent 6 à 7 mètres…

… autant que la hauteur d'une maison de deux étages !

Il faut environ **24 heures** pour digérer un repas.

15 secondes dans la bouche

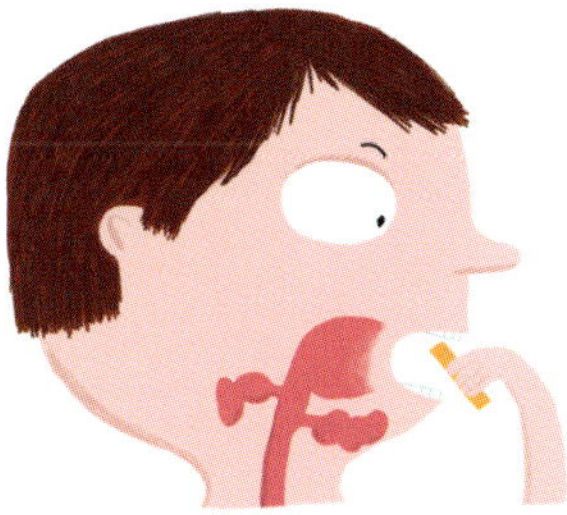

Les aliments sont **mâchés** par les **dents** et imprégnés de salive.

5 heures dans l'estomac

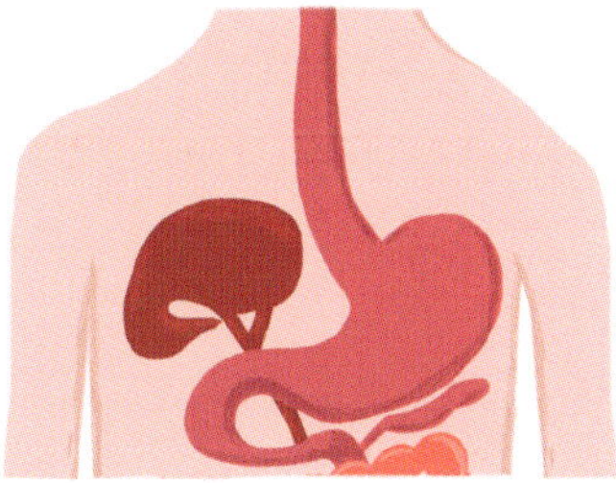

Ils passent ensuite dans l'**estomac**, une sorte de gros sac, où ils sont transformés en bouillie.

18 heures dans l'intestin

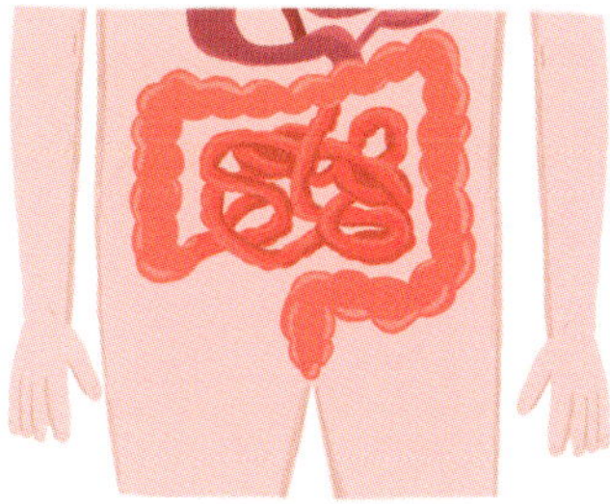

Dans l'**intestin**, les aliments deviennent si fins qu'ils peuvent passer dans le sang. Ce qui reste est évacué par l'anus.

Les dents

Les dents qui coupent sont les **incisives**.

Les dents qui déchirent sont les **canines**.

Les dents qui écrasent sont les **molaires**.

Il faut bien **mâcher** avant d'avaler et se **brosser** soigneusement les dents après les repas, car les petits morceaux qui restent entre les dents deviennent acides et, aidés par des bactéries, font de petits trous dans les dents : les **caries**.

Le corps vit

Pour fonctionner, notre corps a besoin à la fois de l'air que l'on respire et de la nourriture que l'on digère.

L'**air** lui apporte de l'oxygène, la **nourriture** lui apporte de l'énergie.

Le **sang** transporte dans tout le corps l'oxygène qu'il prend dans les poumons et les éléments nourrissants transmis par l'intestin.

Le corps a aussi besoin de **sommeil** pour bien fonctionner.
Pour être en forme, un enfant doit dormir au moins **10 heures** par nuit.

Et les bébés ?

Pour faire un bébé, il faut un papa et une maman qui s'aiment.

Quand une graine de vie du papa (un spermatozoïde) rencontre la graine de vie de la maman (l'ovule), cela forme un **petit œuf**. C'est la **fécondation**.

Ce petit œuf se développe **dans le ventre de la maman** et devient l'embryon du bébé qui va naître 9 mois plus tard.

Chaque bébé est **unique** car chacun hérite d'un peu de ses deux parents.

Le futur bébé grandit dans une **poche** spéciale (l'utérus).
Cette poche à bébé est **élastique**. Elle **grandit** avec le futur bébé.

1er mois :
le futur bébé est gros comme un grain de riz.
Son **cœur** bat déjà.

2e mois :
la **tête**, les **bras** et les **jambes** apparaissent.

3e mois :
c'est déjà un **bébé en miniature**.

5e mois :
la maman sent son bébé **bouger** dans son ventre.

6e mois :
le bébé **entend** des bruits et bouge de plus en plus.

8e mois :
le bébé est presque terminé, il se prépare à naître.
Il **se retourne**, la tête en bas.

Dans le ventre de la maman

Le futur bébé flotte
dans un **liquide**
qui le protège :
le liquide amniotique.

Le bébé **dort**
beaucoup.
Parfois il **bouge**,
fait des galipettes.

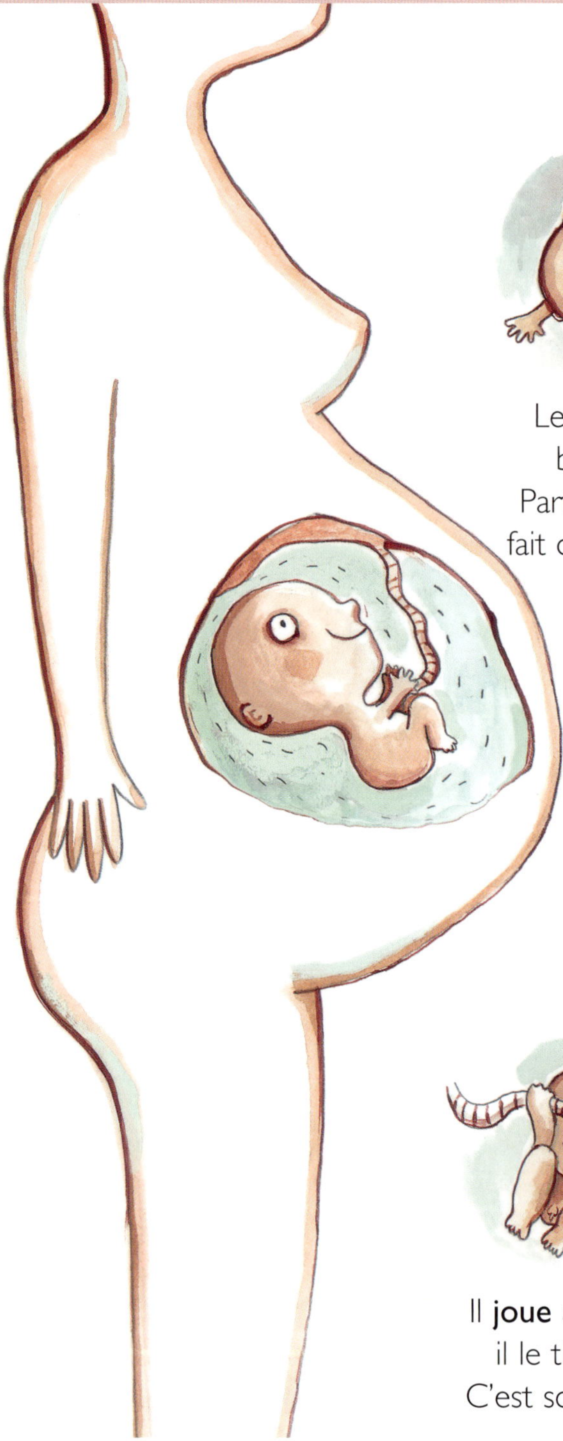

Le **cordon ombilical**
relie le bébé
à sa maman.
Grâce à lui, la maman
apporte au bébé tout
ce dont il a besoin
pour vivre :
la nourriture
et l'oxygène.

Il **joue** avec son cordon,
il le tire, il le suce…
C'est son premier jouet !

Au bout de **9 mois**, la maman sent dans son ventre que le bébé est prêt à naître.
C'est l'**accouchement**.

À la **maternité**, une sage femme et un médecin sont là pour aider la maman et le bébé.

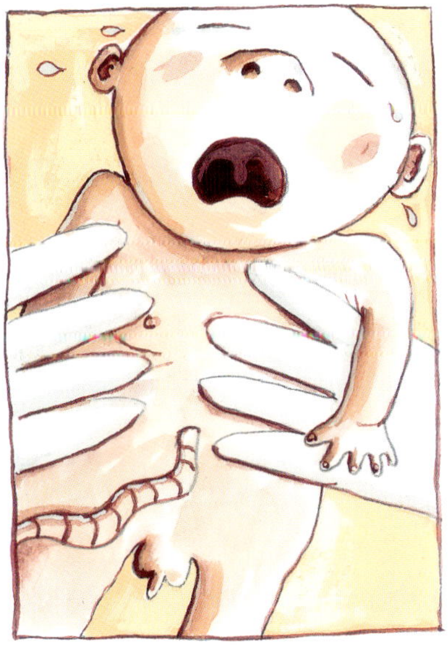

À la naissance, le bébé pousse son **premier cri** ; c'est la première fois qu'il respire de l'air.

Le médecin coupe le cordon ombilical. Le petit bout qui reste, c'est le **nombril**.

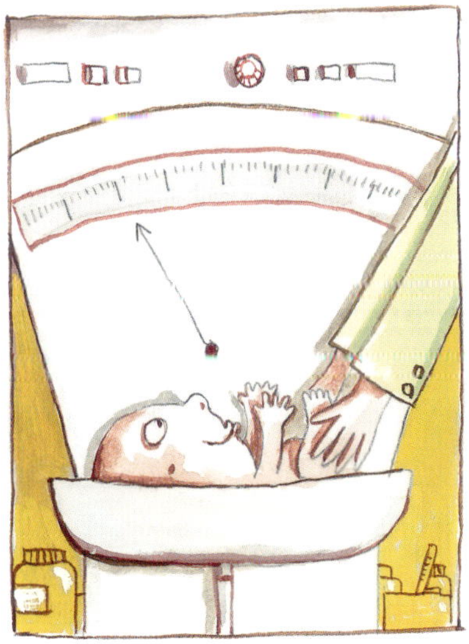

Le bébé qui vient de naître mesure presque **50 cm** et pèse environ **3 kg**. Demande à ta maman ton poids et ta taille à la naissance.

C'est la vie !

À partir du jour de sa naissance, l'enfant grandit et son corps se transforme.

Le bébé fait des progrès chaque jour; petit à petit, il apprend à se servir de son corps.

À **1 mois**, un bébé **sourit**; il serre très fort les doigts.

Vers **4 mois**, il tient sa tête droite et gazouille.

Vers **6 mois**, il aime bien tout attraper!

Vers **8 mois**, il se tient assis tout seul et commence à marcher à 4 pattes.

Vers **1 an**, il fait ses premiers pas et commence à explorer le monde.

Vers **2 ans**, le petit enfant marche, court, commence à parler.

Vers **6 ans**,
l'**enfant** apprend à lire,
écrire, faire du vélo, nager.
Il perd ses dents de lait.

Vers **12 ans**,
le corps de la **petite fille**
commence à se transformer
en corps de femme.
Elle **grandit** beaucoup.

Vers **15 ans**,
la **voix** du **garçon** va devenir
grave, sa **moustache**
va pousser.

Vers **20 ans**,
les os s'arrêtent de grandir.
Garçons et filles sont
devenus des **adultes**.
Ils vont pouvoir à leur tour
devenir des parents !

Vers **50 ans**,
le corps devient moins
souple, de petites rides
apparaissent sur le visage.
Les parents vont bientôt
être des **grands-parents**.

Vers **80 ans**,
on est âgé,
le corps est **fatigué**.
Mais certaines personnes
peuvent vivre jusqu'à
100 ans, et même plus !

Les métiers du corps

Le médecin soigne les maladies. C'est le spécialiste du corps.

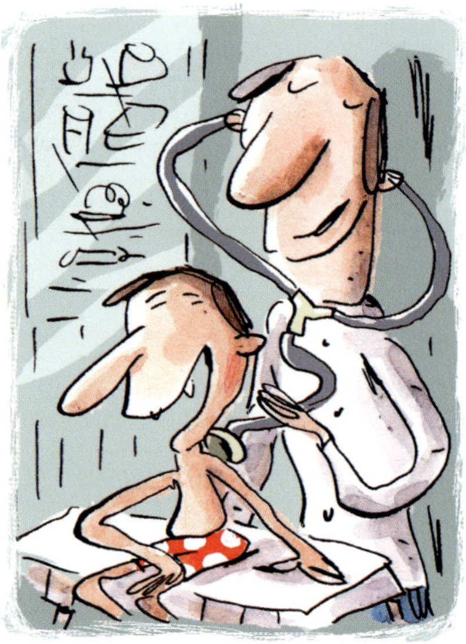

Il **écoute** le cœur et les poumons avec un **stéthoscope**.

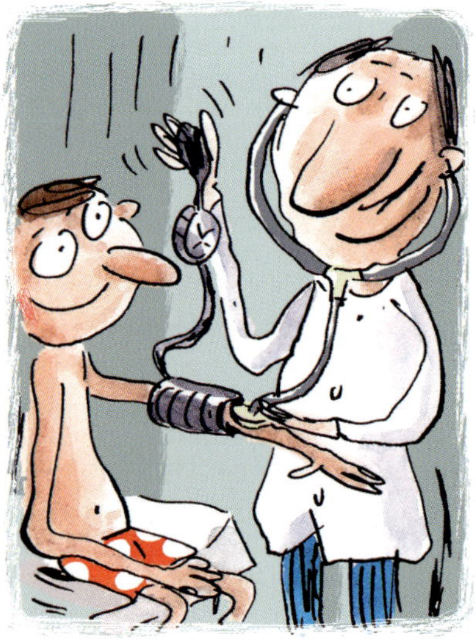

Il mesure la **tension**, pour savoir si le sang circule bien, avec un **tensiomètre**.

Il fait des **vaccins**.

Parmi ces dessins, un instrument n'appartient pas au médecin. Lequel ?

Solution : l'intrus est la truelle.

L'**oto-rhino-laryngologiste** est un médecin spécialiste. Il soigne les maladies du **nez**, de la **gorge** et des **oreilles**. On dit aussi, en abrégé, oto-rhino ou O.R.L.

Pour soigner les enfants et les malades dans les pays qui en ont besoin, des médecins viennent quelques semaines chaque année. On les appelle les **médecins sans frontières**.

Le **professeur de sport** entraîne les enfants à courir, souffler, développer leurs muscles, faire des **efforts physiques**… C'est bon pour la santé même si, parfois, ça fait un peu mal !

PAPIÈR ALU

LA TERRE
L'ÉCOLOGIE

L'écologie, la science de l'environnement

L'écologie est la science qui étudie l'environnement et, en particulier, l'action des hommes sur la nature.

Le développement des usines, des voitures, des déchets, dans les pays riches, risque de devenir dangereux pour notre Terre si on ne fait pas attention. Dans cette image, amuse-toi à repérer ce qui est **mauvais** pour l'environnement.

La Terre a de plus en plus chaud

Depuis quelques années, on s'aperçoit que le climat général de la Terre devient plus chaud.

Les **gaz** qui sont rejetés dans l'atmosphère par les usines, le chauffage, la climatisation, les voitures sont en partie responsables de ce réchauffement.

QU'EST-CE QUE L'EFFET DE SERRE ?

Les **serres** dans lesquelles on fait pousser les plantes laissent passer la lumière du soleil et gardent la chaleur.

L'atmosphère qui entoure la Terre fonctionne de la même façon : elle garde la planète à la bonne température, c'est l'**effet de serre**.

Mais il y a de plus en plus de gaz dans l'atmosphère : ils **augmentent** son effet de serre et la Terre a trop chaud.

Si la température de la Terre augmente encore, cela risque de changer la vie sur Terre.

Les **glaciers** des pôles et des montagnes vont fondre, les **déserts** vont s'agrandir.

Le **niveau de la mer** va monter.

Des pays au bord de la mer ou certaines **îles** risquent de se retrouver sous l'eau.

Si tous les glaciers de la Terre fondaient, **la mer** monterait de 80 m et irait jusqu'à Paris.

Notre Terre doit être protégée

Notre planète est le seul endroit de l'Univers où les hommes peuvent vivre. Elle est fragile, il faut la protéger. Pour limiter la pollution, chaque pays doit :

Mieux **contrôler les installations des usines** pour qu'elles rejettent moins de gaz dans l'atmosphère.

Privilégier les **transports en commun**, préférer les trains aux camions pour le transport des marchandises.

Demander aux constructeurs d'**améliorer les moteurs** pour que les avions ou les voitures soient moins polluants.

Chacun, à son niveau, peut contribuer à la protection de la Terre.

En gardant **sa voiture en bon état**, en la faisant réviser régulièrement.

En **réduisant sa vitesse**, car plus on roule vite, plus on pollue.

En préférant les **transports en commun** ou son vélo !

En **réduisant le chauffage** dans la maison.

Il faut aussi penser à **éteindre** les appareils électriques ou la lumière quand on quitte une pièce.

Trier les déchets pour les recycler

Chaque jour, nous utilisons du papier, des bouteilles en plastique, des boîtes en métal… qui deviennent des déchets. Ces déchets doivent être **triés** car beaucoup peuvent être **recyclés**, c'est-à-dire réutilisés. Les déchets non recyclables sont brûlés.

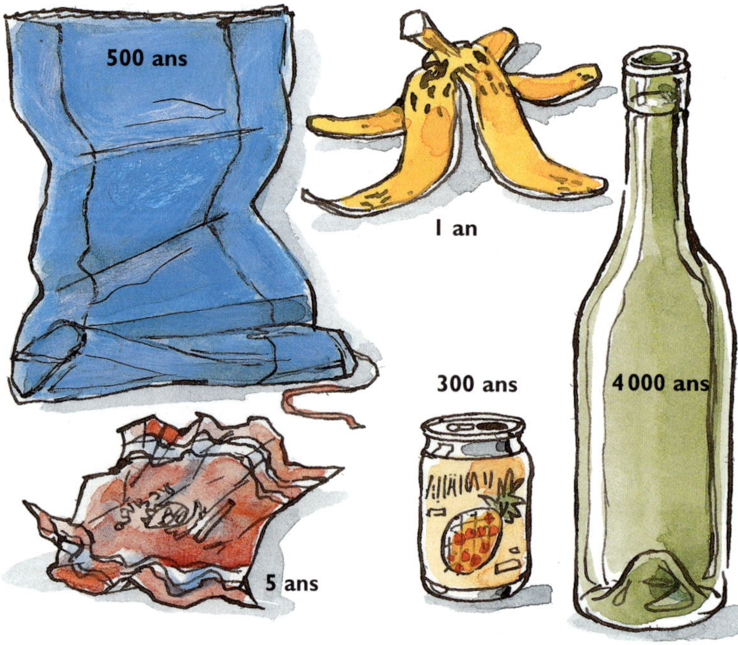

Il ne faut **rien jeter** dans la nature car certains déchets mettent beaucoup de temps pour disparaître.

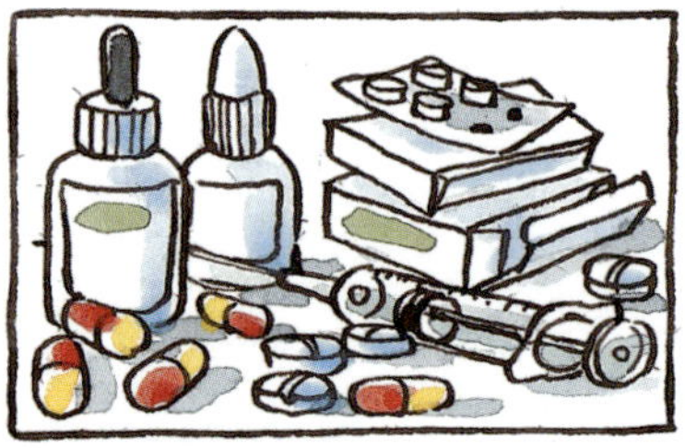

Les **piles polluent** l'eau, il faut les déposer dans des boîtes spéciales. Les **médicaments** peuvent être rapportés chez le pharmacien.

Les objets à recycler sont **triés** à la main dans l'usine de recyclage. C'est pour cela qu'il faut bien respecter les consignes.

Les **plastiques** sont ensuite transformés en petites billes qui serviront à fabriquer de nouveaux objets : gobelets, sacs poubelles, vêtements…

Les **canettes en aluminium** serviront à fabriquer de nouvelles boîtes de conserve, du papier d'aluminium, des outils…

Le **verre** est broyé et refondu et servira à la fabrication de nouvelles bouteilles, flacons, bocaux…

Le **papier** fera du papier recyclé.

LA TERRE

LA GÉOLOGIE

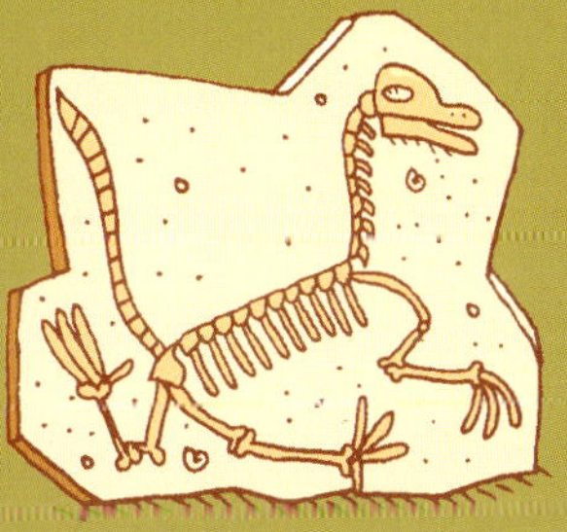

À l'intérieur de la Terre

La Terre est faite un peu comme une cerise. Sous les océans et les continents où nous vivons, il y a plusieurs couches de roches d'épaisseurs différentes.

La première couche est très fine (comme la peau de la cerise) ; on l'appelle la **croûte terrestre**. Elle est solide.

Le **manteau** est composé d'une couche de roches brûlantes. Il bouge.

Au centre de la Terre, il y a un gros **noyau** constitué de métal.

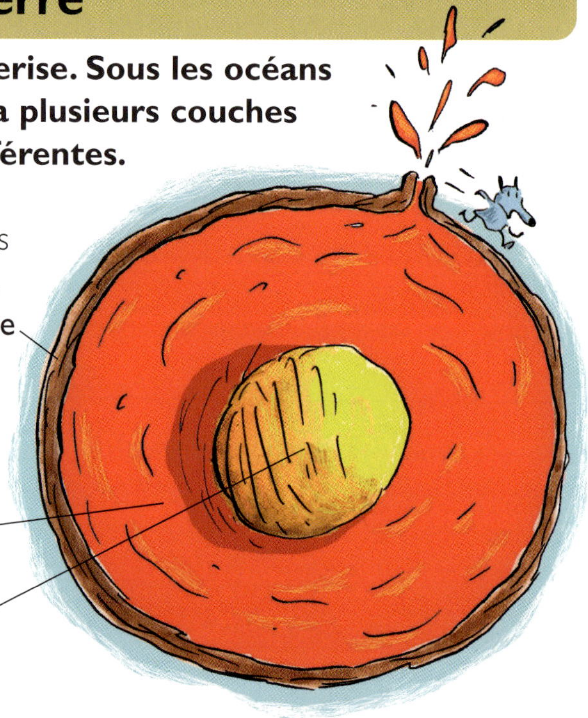

La croûte terrestre n'est pas faite d'un seul morceau. Elle est découpée en **grandes plaques**. Sous la croûte, le manteau bouge en permanence : il fait bouger les plaques. C'est pour cela que les continents ont changé de place au cours du temps.

Au début de la Terre, l'**Amérique** et l'**Afrique** étaient collées.

Très lentement, les continents se sont **éloignés** jusqu'à leur position actuelle.

L'intérieur de la Terre est **brûlant**.
Au fond des mines, à 3 km seulement sous terre, la roche est déjà à plus de 50°C.
Dès que débute le manteau, il fait 1 000°C. Au centre du noyau, il fait 6 000°C.

Le **centre de la Terre** est à 6 000 km sous nos pieds.
Le trou le plus profond que l'on ait réussit à creuser faisait 12 km.

Les volcans

Les volcans sont des montagnes. Parfois certains volcans se réveillent et crachent de la lave brûlante, des roches fumantes, des gaz et des poussières : c'est une éruption volcanique.

Le magma qui vient de l'intérieur de la Terre s'accumule dans la **chambre magmatique** (1).

Lors d'une éruption volcanique, le **magma** remonte à la surface en se faufilant dans la **cheminée** (2).

Le magma sort par le **cratère** (3). Il forme la **lave** (4) et des fumées.

Il existe trois grandes sortes d'éruptions volcaniques.

Si la lave est **liquide**, elle s'écoule rapidement. Il n'y a pas d'explosion. La population a le temps de fuir.

Si la lave est **plus épaisse**, elle s'écoule plus difficilement, mais le nuage de gaz et de cendres peut être dangereux.

Si la lave contient **beaucoup de gaz**, l'éruption est une explosion redoutable. La population n'a pas le temps de fuir.

Les volcans qui n'ont plus craché depuis très longtemps sont des **volcans éteints**. En France, il existe de nombreux volcans éteints dans le Massif central ; le plus connu est le Puy de Dôme.

À tOi dE joUeR

Pour mieux comprendre comment se forment les différentes éruptions volcaniques, tu peux faire ces **trois expériences**.
Fais-les plutôt dans un jardin avec l'aide d'un adulte.

Pour chaque expérience,
il te faut :

1 cuillerée à soupe de vinaigre

1 boîte de pellicule photo

1 cuillerée à café de bicarbonate de soude

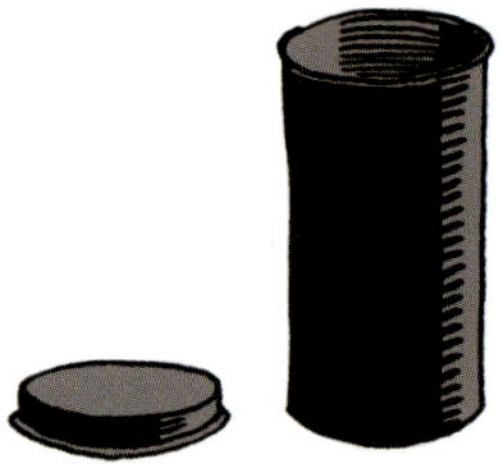

expérience sans couvercle

expérience avec un couvercle percé

expérience avec un couvercle fermé

Le liquide **monte lentement** et s'écoule doucement hors de la boîte.

Le liquide **se déverse** abondamment par les trous, avec quelques petites projections de liquide.

Le liquide **s'échappe** en fusant sur les bords du couvercle qui finit par sauter violemment.

On peut donc voir que plus le liquide s'écoule facilement, moins il y a de projection.
Il se passe la même chose lors des différents types d'éruptions volcaniques.

Ces trois expériences correspondent aux **trois types d'éruptions volcaniques**.

Les tremblements de terre

À travers le monde, le sol tremble plusieurs fois par jour. Les scientifiques appellent un tremblement de terre un séisme.

La plupart des secousses sont très légères et personne ne les sent mais parfois, elles sont très puissantes et provoquent de gros dégâts.

Lors d'un **séisme**, les roches qui forment le sol peuvent se déplacer de côté…

… ou de haut en bas.

Les cassures sont provoquées par des **ondes sismiques** qui se propagent dans le sol et font tout trembler.

L’échelle de Richter

Tous les tremblements de terre ne font pas les mêmes « dégâts ». Pour connaître leur niveau de gravité, on utilise une « échelle » créée par un géologue américain, Charles Richter : c’est l’échelle de Richter. Elle compte 10 niveaux.

Niveau 1 : on ne sent **rien**.

Niveau 2 : on peut sentir quelque chose dans les **étages élevés**.

Niveau 3 : les **objets suspendus** bougent.

Niveau 4 : les **fenêtres** et les **portes** bougent.

Niveau 5 : **tout bouge**, les gens endormis se réveillent.

Niveau 6 : tout le monde sent le **tremblement de terre**. Des dommages peuvent se produire.

Niveau 7 : les gens ont du mal à tenir **debout**. Les dommages peuvent être très importants.

Niveau 8 : les **rails** se courbent, les **rivières** débordent.

Niveau 9 : la plupart des **constructions s'effondrent**.

Niveau 10 : **tout est détruit**. Le sol bouge en ondulant.

Qu'est-ce qu'un fossile ?

La plupart des plantes et des animaux qui ont vécu sur notre planète, au début de l'histoire de la Terre, sont morts sans laisser de traces. Quelques-uns ont laissé des fossiles.

Les fossiles sont les restes ou les empreintes de plantes ou d'animaux disparus. Il existe deux sortes de fossiles : ceux constitués par les parties dures d'un animal (les os, les dents, les coquilles) qui se sont **transformées en pierre**, et ceux constitués par les **empreintes** d'une plante ou d'un animal **dans la pierre**.

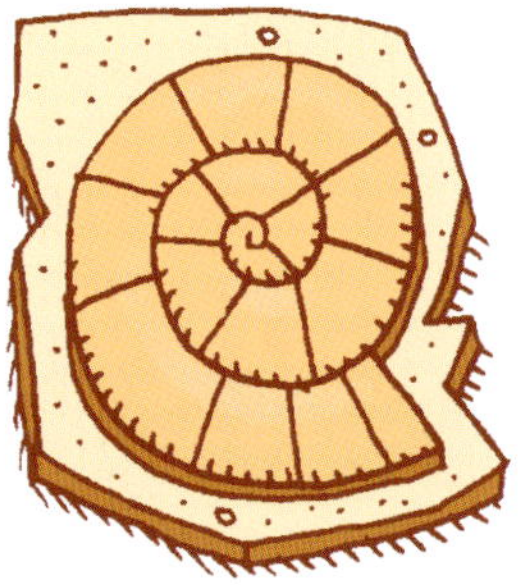

empreinte de coquillage

empreinte de plante

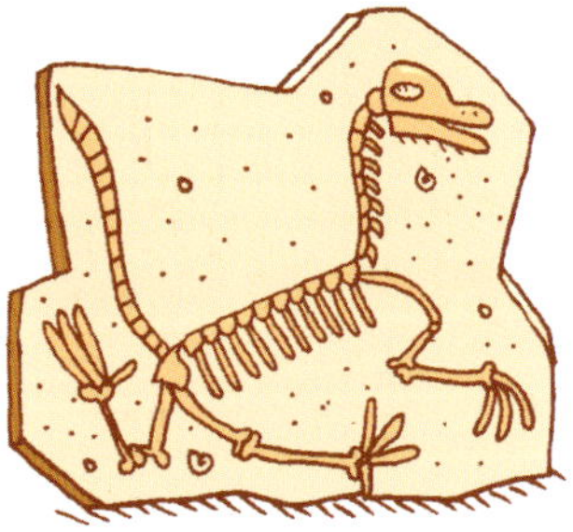

fossile du squelette d'un oiseau disparu : l'archéoptéryx

L'étude des fossiles permet de mieux comprendre l'histoire de la vie sur Terre, en particulier l'**évolution** des plantes et des animaux.

Pour les dinosaures ou les mammouths, les parties que l'on retrouve le plus souvent sont les **os** ou les **dents**.

Mais on a aussi trouvé des mammouths entiers conservés dans la glace en Sibérie.

On peut aussi trouver des **empreintes de pas** laissées par des animaux ou même des hommes préhistoriques.

On a retrouvé en Afrique des **traces de pas** fossilisées d'ancêtres de l'homme, disparus depuis très longtemps : les **australopithèques**.

Comment se sont formés les fossiles ?

Un coquillage **meurt**.

Il tombe au **fond de l'eau**.

Son corps se décompose. Il ne reste que la **coquille**.

Peu à peu, la coquille est recouverte de **couches de débris** et de **sable**.

Les couches durcissent et se transforment en **roches**.

Des millions d'années plus tard, un **géologue** découvre le **fossile**.

FabRiquE un foSsile

Fabrique d'abord un peu de **plâtre** : verse un demi-verre d'eau dans un bol, saupoudre d'un verre de plâtre, mélange au fur et à mesure pour obtenir une pâte bien lisse.

Verse du **sable** humide au fond de la bouteille.

Dépose le **coquillage** sur ce sable.

Ajoute le **plâtre**.

Laisse **sécher** pendant deux jours.

Pour **démouler ton fossile**, découpe le plastique avec des ciseaux. Fais-le dans une cuvette pour ne pas mettre du sable partout.

Ton moulage ressemble à un **fossile**.

Les fossiles de coquillages

Les fossiles que l'on retrouve le plus souvent sont les traces d'animaux qui vivaient il y a très longtemps dans les mers. Pourquoi les retrouve-t-on dans le sol ?

Il y a plus de 100 millions d'années, la mer recouvrait **une grande partie des terres**. Les coquillages vivaient dans des eaux peu profondes.

Des éléments fins, appelés **sédiments**, ont commencé à recouvrir les coquilles.

Avec le temps, plusieurs couches de sédiments se sont accumulées au-dessus des coquillages : ils se sont transformés en **fossiles**.

Puis la mer s'est **retirée** de la zone où vivaient les coquillages, laissant apparaître les couches de sédiments dans lesquels les fossiles étaient enfouis.

L'**eau de pluie** et le **vent** ont peu à peu usé les couches de sédiments au-dessus des fossiles.

Les fossiles se sont retrouvés à l'**air libre**. C'est pour cela que, dans beaucoup de régions, on peut trouver des fossiles directement sur le sol… sans même creuser!

Les roches

Le sol de la Terre est fait de toutes sortes de roches. Certaines sont dures, d'autres tendres. Certaines sont très belles. Les roches servent à beaucoup de choses.

Pour construire des maisons, on extrait des pierres dans des **carrières**.

Selon les régions, les pierres de construction sont différentes.

En **Bretagne**, beaucoup de maisons sont construites en **granite**, une roche grise.

En **Auvergne**, il y a des maisons construites avec la roche des volcans : le **basalte**.

La **craie** est une roche **blanche**, très tendre.

Le **marbre** est une roche dure. C'est la pierre dont on fait des **statues**.

L'**ardoise** se découpe en feuilles minces. On s'en sert pour les **toits**.

Le **pétrole** aussi est une roche : une roche liquide que l'on recueille en forant des **puits** dans le sol. On en fait de l'**essence**.

Les **pierres précieuses** sont transparentes. Le **diamant** est le plus rare ; le **rubis** est rouge ; l'**émeraude**, verte ; la **topaze**, jaune.

Dans le sable et le gravier des rivières, on trouve parfois des **pépites d'or**. L'or est un métal précieux.

Si tu aimes ramasser des cailloux, cherche des fossiles ou des cristaux brillants. Classe-les par types de roches, dans des boîtes, en notant sur des étiquettes l'endroit où tu les as trouvés.

Les métiers de la Terre

Le géologue étudie les roches qui forment le sol et le sous-sol. Il observe les différents types de roches.

Il creuse pour trouver les **couches de roches** qui se sont déposées au fil du temps.

Il regarde s'il y a des **fossiles**. Il est équipé d'une **loupe** pour observer le détail des roches, d'une **boussole** pour déterminer comment elles sont orientées, de sacs pour récolter des **échantillons**…

Ce sont des géologues qui étudient le sous-sol pour trouver du **pétrole**.

Le paléontologue cherche et étudie les fossiles et les restes des animaux disparus, comme les dinosaures ou les mammouths, mais aussi ceux des hommes préhistoriques.

C'est grâce aux recherches des paléontologues que l'on a pu savoir que l'homme n'existait pas encore au temps des **dinosaures**.

Le **volcanologue** étudie les volcans. Il les surveille pour prévoir les éruptions qui pourraient être dangereuses.

Le **sismologue** étudie les tremblements de terre.

LA TERRE

L'EAU

L'eau sous tous ses états

Sur la terre, l'eau existe sous trois formes, que l'on appelle des états.

L'état de l'eau le plus fréquent est l'**état liquide** : c'est l'eau des rivières et des mers.

Mais l'eau peut aussi être à l'**état solide** : c'est la **glace** ou la neige.

L'eau peut encore être à l'**état gazeux** : c'est la **vapeur** d'eau.

L'état de l'eau dépend de la **température**.

L'eau **gèle** à 0 °C :
elle passe de l'état liquide à l'état solide.

L'eau **bout** à 100 °C : elle passe
de l'état liquide à l'état gazeux.

Tout liquide n'est pas forcément de l'eau

L'huile est un liquide qui ne contient pas d'eau.
Mais, comme l'eau, l'huile peut être liquide, gazeuse ou solide.

L'**huile** que le cuisinier verse dans la salade est **liquide**.

L'huile que le cuisinier fait **chauffer** dans la poêle « fume ».

Le passage de l'état liquide à l'état solide s'appelle la **solidification**.

La **température** de la solidification n'est pas la même pour l'eau et l'huile. L'huile devient solide en 3 heures, à la température du réfrigérateur. L'eau devient solide dans le bac à glaçons.

Le passage de l'état solide à l'état liquide s'appelle la **fusion**.

La **lave** des volcans est une roche, une **roche liquide**. Quand la lave sort du volcan, elle refroidit et se solidifie : elle redevient une roche solide.

Le parfum contient de l'alcool. Lorsqu'on ouvre la bouteille, une partie de cet alcool devient **gazeux** et diffuse la bonne odeur du parfum.

Le passage de l'état liquide à l'état gazeux s'appelle la **vaporisation**.

Plus dense, moins dense

**L'eau, l'huile ou une roche n'ont pas la même densité.
Pour le même volume, l'eau, l'huile ou la roche n'ont pas le même poids.**

Si on met **dans un récipient** rempli d'eau, de l'huile et un caillou,

on constate que **l'huile flotte** au-dessus de l'eau : l'huile est moins dense que l'eau. Le **caillou coule** : il est plus dense.

Comme l'huile, le **pétrole** est moins dense que l'eau : il flotte donc sur l'eau. Si un pétrolier perd son chargement, le pétrole reste **à la surface de la mer** et va se déverser sur les plages : c'est la **marée noire**.

Une expérience pour mieux comprendre

La **densité change** en fonction de la **température**.

Verse délicatement de l'**eau chaude colorée** par un sirop dans un verre d'eau froide. Tu constates que l'eau chaude reste en haut : elle est moins dense que l'eau froide.

Recommence dans l'autre sens. Verse délicatement de l'**eau glacée colorée** dans de l'eau chaude. Tu constates que l'eau glacée est descendue au fond du verre : elle est plus dense.

Pour l'**air**, c'est la même chose. L'air chaud est moins dense que l'air froid. C'est ainsi que l'on fait monter les **montgolfières** dans le ciel.

Quand le pilote **réchauffe** l'air qui est dans la montgolfière, le **ballon monte** car l'air chaud est moins dense que l'air froid.

Pour redescendre, il suffit de laisser **refroidir** peu à peu l'air du ballon qui devient alors plus dense, donc plus lourd.

Le cycle de l'eau

Sur Terre, l'eau change constamment d'état, elle se transforme en pluie, en neige, en glace, en nuage… C'est ce qu'on appelle le cycle de l'eau.

Chauffée par le soleil, l'**eau** de la mer s'**évapore** et s'élève dans l'air. L'eau qui est sur la terre, celle des rivières et des lacs, s'évapore aussi.

La vapeur forme des **nuages**.

L'eau retombe en **pluie** sur la terre,

ou en **neige** sur les montagnes.

Pluie ou neige fondue repartent **vers les rivières** et retournent à la mer. C'est un cycle qui ne s'arrête jamais !

Deux expériences pour mieux comprendre

Mets un couvercle 1 heure **au réfrigérateur**. Pose-le sur une casserole d'**eau bouillante**.

Quand tu soulèves le couvercle, des **gouttes d'eau** retombent dans la casserole.

La vapeur d'eau chaude s'est condensée sur le couvercle froid. C'est ainsi que la **pluie** se forme.

Met un plat **au congélateur** pendant 1 heure.

Sors-le et verse rapidement **quelques gouttes** d'eau froide.

Le froid du couvercle transforme l'eau en glace comme du **verglas**.

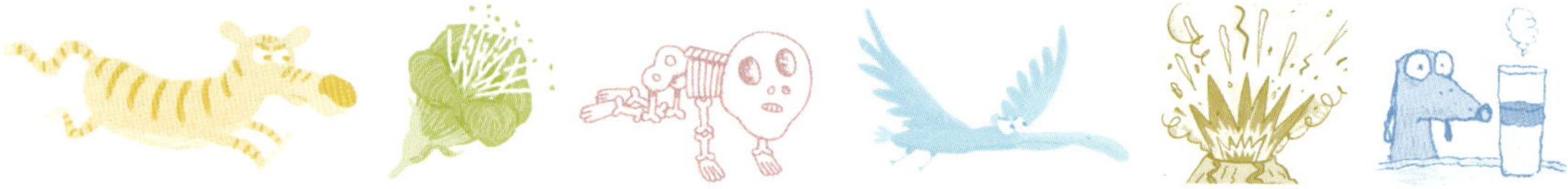

LES **MOTS** DE LA **SCIENCE**

Amphibien : un amphibien est un animal qui vit à la fois sur terre et dans l'eau. La grenouille est un amphibien.

Atmosphère : la couche de gaz qui entoure la Terre s'appelle l'atmosphère.

Carcasse : cadavre d'un animal mort déjà dévoré par les prédateurs.

Carnassier : animal qui ne se nourrit que de proies animales vivantes.

Carnivore : qui mange surtout de la viande. Le loup est un carnivore.

Cellule : une cellule est le plus petit élément qui constitue un être vivant. Les plantes, les animaux, les hommes sont constitués de milliards de cellules.

Charognard : animal qui se nourrit de cadavres d'animaux en décomposition. Le vautour est un charognard.

Écologie : C'est la science qui étudie l'environnement, c'est-à-dire les relations entre les êtres vivants et leur milieu.

Embryon : au cours des trois premiers mois dans le ventre de sa mère, le bébé s'appelle un embryon.

Espèce : une espèce animale est un ensemble d'animaux qui se ressemblent et qui se reproduisent entre eux.

Fécondation : la fécondation est la rencontre d'une cellule mâle et d'une cellule femelle qui aboutit à la formation d'un nouvel être vivant.

Fleur : la fleur contient les organes qui permettent à la plante de former ses graines pour se reproduire.

Fruit : le fruit contient les graines et les protège.

Géologie : c'est la science qui étudie le sol et le sous-sol de la Terre.

Graine : la graine permet à la plante de se reproduire.

Grossesse : la grossesse est la période de neuf mois durant laquelle une femme attend un bébé.

Herbivore : qui se nourrit d'herbes, de feuilles. La vache est herbivore.

Hibernation : certains mammifères comme la marmotte ou l'ours passent l'hiver en hibernation. Ils vivent au ralenti sans manger et en dormant beaucoup.

Invertébré : un animal invertébré est un animal qui n'a pas de colonne vertébrale. Les insectes, les vers, les crustacés sont des invertébrés.

Larve : une larve est une forme que prennent certains animaux avant d'atteindre l'état adulte.

Mammifère : animal dont la femelle a des mamelles pour allaiter ses petits. Il y a des mammifères terrestres vivant sur la terre, et des mammifères marins, vivant dans la mer. L'homme et la baleine sont des mammifères.

Marsupial : mammifère dont la femelle a une poche sur le ventre, contenant ses mamelles, où les petits finissent de grandir après leur naissance. Le kangourou et le koala d'Australie sont des marsupiaux.

Métamorphoser (se) : se métamorphoser, c'est se transformer complètement.

Milieu : le milieu, c'est le lieu de vie d'un être vivant.

Omnivore : qui se nourrit à la fois de viande et de végétaux. L'homme et l'ours sont omnivores.

Organe : un organe est une partie du corps qui a une fonction particulière. L'œil est l'organe de la vue.

Organisme : l'organisme, c'est l'ensemble des organes d'un être vivant. Chez l'homme, c'est le corps.

Oxygène : l'oxygène est un gaz très répandu dans la nature, en particulier dans l'air que l'on respire. Il est indispensable à la plupart des êtres vivants.

Photosynthèse : la photosynthèse, c'est le phénomène par lequel les plantes se développent en utilisant la lumière. C'est un des phénomènes les plus importants de la vie sur la Terre.

Prédateur : un prédateur est un animal qui chasse d'autres animaux pour se nourrir.

Proie : un animal chassé et mangé par un autre animal s'appelle une proie.

Reproduire (se) : se reproduire, c'est donner naissance à d'autres êtres vivants de son espèce.

Sage-femme : une sage-femme est une personne dont la profession consiste à assister les femmes lors des accouchements et qui parfois les suit pendant leur grossesse.

Sève : la sève distribue la nourriture à toute la plante. Il existe 2 sortes de seve : celle qui fait circuler l'eau et les sels minéraux des racines vers les feuilles. Et celle qui part des feuilles et distribue le sucre qu'elles fabriquent à toute la plante.

Utérus : chez les mammifères, c'est dans l'utérus que se développe le bébé.

Vaisseau sanguin : un vaisseau sanguin est un petit canal qui sert à la circulation du sang.

Vertébré : un animal vertébré est un animal qui a une colonne vertébrale. Les poissons, les mammifères sont des vertébrés.

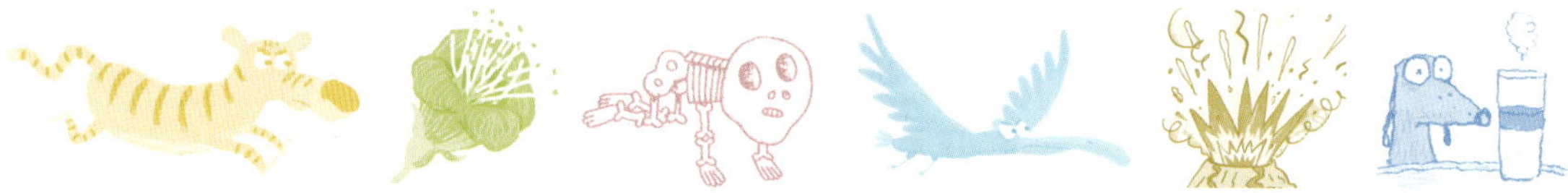

INDEX